25の雑炊を作りながら、雑多に自由に話して書いた、

中村倫也の料理と人生観。

THE
やんごとなき雑炊

まえがき

文：中村倫也

「雑炊」と聞いて、どんなものをイメージしますか？　また、おかゆ、おじや、もっと言えばリゾット。これらの違いを言葉で説明できるでしょうか？

私は、イマイチうまく説明できませんでした。鍋の〆？　おかゆとおじやは、もっとくたくたになるまで米を炊いたもの？　リゾットは……何アレ？　前に一応調べた気もするのですが、雑炊の連載を始めると言い出したにもかかわらず、私はその程度の認識でした。ちなみにこのまえがきを考えるために引っ張り出してきたメモ帳には「雑吸」と書いていました。でも、色んな食材を鍋に入れて炊いていい、自由度の高い料理、という、漠然としたイメージだけはあったのです。

続いて。「自由」と聞いて、どんなものをイメージするでしょうか？　「欲しいもの、手に入れたいもの」と答える人もいれば、一方で「完全に自由と言われても放り出された気持ちになるから、まずこんなことをするべし、という指針がないと困る」、「自由と言いつつも、結局決まり事はあるんでしょ？」と考える人も多いのではないでしょうか。経験と社会性のある大人ほど、自由を不自由に感じる側面もあるのかなと思います。

では、記憶を少し遡って、小学生時代の自由研究はどうでしたか？　今よりもうちょっとのびのびと、提出した後の評価や反応を想像する前に、「今これが好きだからこれをやる！」とテーマを決めていたのではないでしょうか？　ちなみに私はいつだったか、「割り箸をボンドで固めて立てただけの変なビル群」を自信満々で夏休み明けに学校に持って行き、同級生が割り箸を高度に組んで作った「ビー玉のジェットコースター」にクラスメイトが群がって遊んでいるのを見て、「負けたぁ!!」と打ちひしがれたことがあります。ボンドで固めただけのビル群じゃ何にも勝てんだろうに。そもそも作った時には勝ち負けなんて考えもしていなかったろうに。

話が逸れました。ここからが本題です。

この本は、自由を楽しむレシピ本です。

料理とは、自由なものです。効果的な調理方法や正しい道具の使い方など、学び出せばキリがありませんが、それを抜きにしても、好きな食材を使って美味しいと感じるものを作ってみるという行為は、元来実験的で制限のないもののはずです。しかも、今回は「雑多な食材と米を合わせて炊く」だけの、雑炊レシピ本です。「季節の食材を使う」や「子供が喜ぶ」などのコンセプトも、回ごとに設けて作りましたが、雑炊という名の自由な海で一冊の本を作るというミッションは、なかなかにクリエイティブなものだったと感じております。そして味はもちろん、監修協力のフードコーディネーター・タカハシユキ先生のおかげで素晴らしいものに。ボンドで固めただけの割り箸のようなクオリティーの低い作品はひと皿も登場しませんので、どうか安心してページをめくっていただければと思います。

自由に楽しんで、自由に召し上がっていただければ幸いです。

Contents

●分量・調理時間の表記
- 計量単位は、1カップ＝200mℓ、大さじ1＝15mℓ、小さじ1＝5mℓです。
- 市販の調味料などは、製造元により塩分、材料等に違いがあります。味を見て加減してください。
- 加熱時間はお使いの器具、火力などによって変わります。表記はあくまでも目安です。

●本書について
・本書はフードコーディネーターのタカハシユキさん考案の雑炊レシピを中村倫也さんが雑談しながら作る様子をレポート、さらに中村さんがそのレシピと料理過程からイマジネーションしショートエッセイを書くという企画です。ただし、第20回（P126～131）のレシピは中村さん考案のレシピです。
・Contentsの★の回（緑色の地のページ）は、タカハシユキさん考案の雑炊レシピをもとに、中村さんが"普段料理するように"自分なりにアレンジを加えて料理していく企画、"「ただの俺」シリーズ"です。
・第1回～第19回の時制や数字、情報は雑誌掲載当時のものです。初出（P134）をご参照ください。
●（参考）「レシピ＆調理動画」について
・タカハシユキさんが実際にレシピを再現する動画（第1回～第19回分）を、「角川書店ブックチャンネル（https://www.youtube.com/@arasujich）」内・再生リスト「中村倫也のやんごとなきシリーズ」でご覧いただけます。ただし、この動画は雑誌掲載当時に制作したため、材料の表記や作り方の順番等、本書と異なる場合があります。
◎ダウンロードはできません。◎PC・スマートフォン対象（一部の機種ではご利用いただけない場合があります）。
◎視聴に際し発生する通信料はお客様のご負担になります。◎システム等のやむを得ない事情により、予告なく公開を中断・終了する場合があります。

先生のお手本

第1回

『中国の、田舎町の、怖い先輩雑炊』

（2022年4月号雑誌※掲載）

材料（1人分）

- ごはん … 1膳分（150g）
- 菜の花 … 5～6本（40g）
- ほたて … 1個
- 塩 … 少々
- 卵 … 1個
- 水 … 小さじ 1/2
- 中華スープ … 300mℓ
- A
  - しょうゆ … 小さじ 1/2
  - 塩 … 小さじ 1/8
- 水溶き片栗粉
  - 片栗粉 … 小さじ 1/2
  - 水 … 小さじ 1
- 白いりごま … 少々
- ラー油 … 少々

作り方

1 菜の花は茎の硬いところをピーラーで剥き、3㎝幅に切る。ほたては塩をまぶし、さっと流水で洗ってキッチンペーパーで水気を拭く。“つめ”は外して手で2～3等分にしておく。身は薄切りにして、器の内側に貼り付ける。

2 卵はボウルに割り入れよく溶き、水を加えてさらに溶く。

3 鍋に中華スープを沸かし、Aで調味する。沸いてきたら、ごはんを入れて軽くほぐす。再び沸騰してきたら、菜の花、ほたての“つめ”を加える。

4 菜の花に火が通ってきたら、水溶き片栗粉を入れてとろみをつけ、卵を流し入れる。火を止めて器に盛り、白いりごま、ラー油をかける。

＊ほたての“つめ”は本文参照。

※雑誌とは……本とマンガの情報月刊誌『ダ・ヴィンチ』（以降同じ）。初出（P134）をご参照ください。

思ったより中華！　ラー油がいいアクセントに

「最高だ！　一番楽しい仕事だ！」「いい仕事だなあ。うまいもん食うだけだもんなあ」

撮影の間中、少しずつ違う言い方で、中村倫也が何度も楽しさを表現する。それにつられるように、スタッフの間でも料理についての会話が交わされ、現場が楽しい空気で満ちていく。

「何か、気楽でしょう。仕事だけど、料理は日常の延長でもあるから。気楽なのって、いいよね」

スタジオのキッチンに立つとまず、レシピ考案＆料理の先生・フードコーディネーターのタカハシユキさんに所信表明。

「先生、この企画ちゃんとしないノリでやっていくことになるので、よろしくお願いします。僕のキャラクターも追々わかっていただけると思います。『ふざけてんなこいつ』と」

力は抜けているが、ワクワクしているのが伝わる立ち姿。

この企画の発端は、中村が自身の初エッセイ集『ＴＨＥやんごとなき雑談』（２０２１年刊行）の担当編集者・村井に「次は『やんごとなき雑炊』というタイトルで毎月雑誌連載をしよう」と持ち掛けたこと。村井は「雑炊の連載？　ダジャレ……？」と困惑しつつも企画を熟考。タカハシユキ先生（以下、先生）に雑炊レシピを考案してもらい、料理の先生として中村を指導、その様子をカメラマン・干川が写真に収め、ライター・門倉（筆者）がレポート、さらに雑炊レシピのタイトルは中村がつける——という形に決まった。

先生のレシピには仮タイトルで「菜の花とほたてのかき玉雑炊」とある。全体の流れを聞いた中村は、すぐ調理を開始。ほたての身には〝つめ〟（貝柱の一部で端の白い部分を先生はそう呼んでいる）があるので、まずそれを外します、と先生が言うと「つめ……？」と反応。身を横に薄く切るという指示には「人生で横から薄切りしたことないです！」と言いながら包丁を握ると「熱いだしを注いだ時にさっと火が通る厚さなんだよな。もう1枚、薄く切れるかな……いや、ケガをしないようにやめておこうかな。僕、演技の仕事でも、作品の質よりもケガしないことを優先するタイプなんで」とどんどん言葉が出てくる。「うまく切れた！　やっぱり包丁の切れ味って大事なんですね。俺んちの包丁だったらグズグズになってたと思う。ほたては粘り気あるからなおさらだな」。

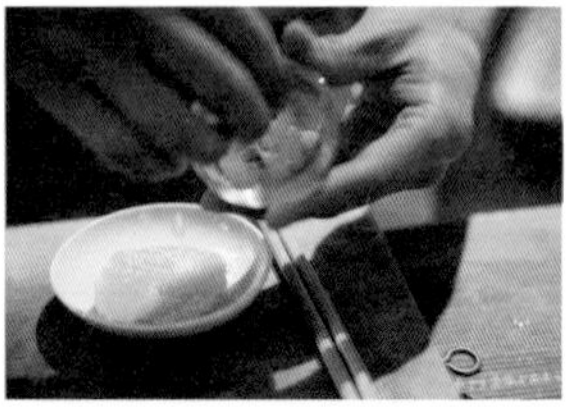

菜の花は茎の硬い部分をピーラーでさっと剥いてください、という指示には「菜の花の処理ってそれでいいんだ！　もっと大変なのかと思って、使ったことなかったです」。炒め物にもいいですよ、と先生に言われると、イメージが広がる。

「ちゃちゃっと油となじませる感じですね。やってみたいです。ちょっといい感じの和食のお店に行くと、菜の花のお浸しとか季節の野菜を使った小鉢が先付で出てくるじゃないですか。メイン料理ならがんばれば大体のものを作れると思うけど、『ちょっとこれつまんでおいて』みたいなのをさっと作って出せるほうがかっこいいですよね」

　先生からの短い指示に、時折自分からも「ごはんはばらけさせますか？」「もう入れちゃいますか？」など程度やタイミングを図る質問を挟み、野菜クズを出るそばからゴミ箱に入れ、するすると手を動かす。無駄も迷いもない。

「料理ってある程度のスピードが大事だから。ぐずぐずしてたら煮え過ぎちゃったりする。迷いがないのは、失敗を恐れてないからですよ。『うまくいかなかったらどうしよう』っていう精神が僕にはまったくない。それでいいんです」

　小さな声で「料理って、やっぱ楽しいんだよなあ」と言う。

「おいしいものを作るのがまず楽しいし、もともと何かを作るのが好きなんですよ。工程……最適な順番があって、作っていくうちに変化もある。それが楽しいんだと思う」

自宅で自分のために作る時にも、楽しみを見出す。

「時間と体力があれば、自分なりのプラスアルファはしたい。カップ焼きそばだったら3分じゃなくて1分半でお湯を捨てて、麺をキャベツとごま油で炒めたりする。食へのこだわりがあるからというより、気まぐれなんでしょうね。化学の実験みたいな感覚だと思う。頭の中であれとあれをこうしたらどういう化学反応が起こるか、と考えたことをやるのが楽しい。当然失敗もしますよ。炒め方を間違えてビーフンがカッスカスになって……濁点が消えたヒーフンになったり。生気がないというか、〝忘れ物〟みたいだった！」

失敗談を笑いながら語る。

「そもそも失敗ってものがおもしろいですからね。成功より失敗のほうが楽しい。成功したらそこで終わりだから。仕事でもそう思うけど……特に料理はプロじゃないから、いくらでも失敗できるのが楽しいです」

料理開始から15分ほどで、火を止めたら出来上がりです、と先生から声がかかる。「早い！　あっという間に〜」と節をつけて歌い出した。スライスしたほたてを貼り付けたお椀に、熱々の雑炊を注ぎ、白いりごまとラー油をかけたら完成。

スプーンですくって口に入れ、目を閉じる。10秒ほど黙って味わった後「はあーうめえ……やっさし……」とひと言。

「こういう味、好きなんですよ。卵とほたての甘み、だしと菜の花の優しい味わいに、少ししたらしたラー油がいいアクセントになっている。思ったより中華！　雑炊って、風邪の時に食べるものっていうイメージがあるから、優しさが圧倒的だと思っちゃうんですけど、これはラー油さんがいい仕事してますね。中だるみしそうな撮影現場をピリッと締めてくれる先輩、みたいな。『そろそろやるぞー』っていうラー油パイセンの野太い声が途中から聞こえてきました。こういう逆の要素が入っている料理が好きなんですよ。相反するものが化学反応を起こして、皆仲良し！みたいな。最初優しくて、次に強い味がくるけど、飲み込む時にはもう優しい気持ちになってる。雑炊のひと口ひと口で、僕らは旅をするんです……旅人なんですよ、私たちは」

滔々と語り、「逆光を浴びながら雑炊を語る俳優（35）って入れておいてください」と付け加えた。

スタッフ一同で試食。半分火が通ったほたての食感も楽しい、15分で作れるとは思えない、上品で本格的な中華雑炊だ。

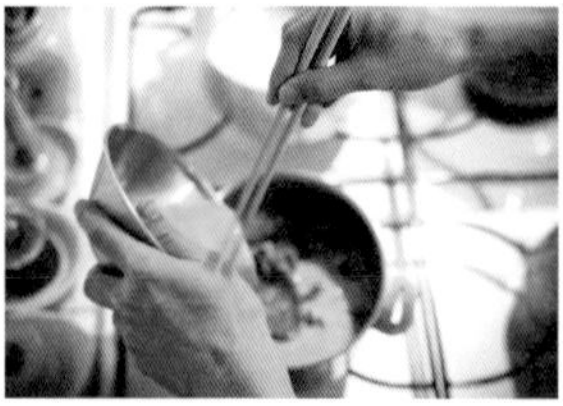

食べ終えた中村に、今回の雑炊のタイトルを決めてもらう。

「うーん……『中国の、田舎町の、怖い先輩雑炊』で！『中国の』と『田舎町の』の後には『、』を入れてください」

村井が思わず、何でですか?と問うと、「この企画で『何で』とか厳禁だから！ 大体のことに理由なんかないんだから！」と素早く返した。

厳禁とわかった上で聞いてみよう。そもそも雑炊で連載しようと思った理由は？ 雑炊にまつわる思い出が？

「特に思い出はないです。自分が風邪をひいた時に作ったこともないし。何せ風邪をひかないのでね。作ってあげたことはありますよ。雑炊の連載にしたのは……雑炊って、何でもありでしょ。ごはんと一緒に炊いたら、なんでも雑炊になる。だって『雑』な『炊』だからね」

ニコニコしながら、煙にまくような答え。最後はやはり、こんなひと言を残して、席を立った。

「料理して、おいしいもの食べて、ふざけたこと言って終わる……仕事になるなんて最高だよ」

中村さんお手製

Short Essay　※雑炊を作る過程からイマジネーションし、毎回ショートエッセイを執筆。

「笑う爪」　文：中村倫也

子供の頃。身体が小さくてすばしっこかった僕は、かくれんぼが得意だった。まさかこんなところには入れないだろう、という実家の押し入れの上にある引き出しや、ベッドの下のほんのわずかな隙間に身を潜めては、通り過ぎる鬼の「あれ？どこいった？？」という声を聞いて笑いを押し殺していた。そして大人になり、遊びのような新連載を始めた私は今、食べ終わった雑炊の器を見て心の中で呟いた。「あれ？　ほたてのつめ、どこいった？？」

第2回

『紫式部の蹴鞠飯』

（2022年5月号雑誌掲載）

材料（1人分）

- ごはん … 1膳分（150g）
- 茹でたけのこ … 1/4個（55g）
- わかめ … 5g
- セリ（根付き）… 1本
- 和だし汁（かつお節、昆布）… 300㎖
- A
  - 薄口しょうゆ … 小さじ1/2
  - 塩 … 小さじ1/4
  - 酒 … 小さじ1
  - みりん … 小さじ1
- 山椒の実（塩漬け）… 小さじ1
- しらす … 大さじ1

作り方

1 茹でたけのこは食べやすい大きさに薄切りする。わかめは水で塩抜きして3㎝ぐらいの幅に切る。セリは3㎝幅に切る。

2 鍋に和だし汁を沸かし、Aで調味する。

3 2が沸いてきたらごはんを入れて軽くほぐし、たけのこ、山椒の実、しらすを加える。再び沸騰してきたら、わかめ、セリを加えて火を止める。

セリと山椒の爽やかな風がサンッ

「トットコ、トットコ、トットットト……」

　わかめを「ざくざくと、ですね」と切っている中村倫也から鼻歌が聞こえてくる。今回も楽しそうだ。

「ちっちゃい頃、わかめが大好きでね。おかんが台所で乾燥わかめを戻していたら、そのボウルから取って。『わーかめ好き好き』って歌いながら口からダラーって垂らして食べてたらしい。前世がウミガメなんでしょうね」とかわいい思い出話を披露。

「末っ子でお母さん子だったから、何かと台所に邪魔をしに行ってたと思う」

「これ何ですか？」と興味を抱いたのはセリ。根っこも香りが強くておいしいので入れます、とタカハシユキ先生（以下、先生）が言うと「へええ！　すごいですね。根っこも入れるんだ」と驚きつつ、「〝ラピュタ〟が飛んでいく時にぶら下がってるとこじゃない？」とじっくりと根っこを眺めた。そして「この葉っぱ、いい感じに使いたいな。見栄えを良くする作戦！」と仕上がりを頭に描きながら、「最後に乗せるんだ」と葉先の部分を選り分けた。

「野菜は、自分の中でのレギュラーメンバーが決まっちゃってるから。セリとか前回の菜の花とか、使ったことのない野菜の調理方法を知れるのが嬉しい」

　では普段のレギュラーは？

「白菜、レタス、キャベツ……長ねぎ、なす、小松菜、ほうれん草……ほうれん草のアク抜きは面倒くさいですよね……あと大根とか。なんだかんだで籠に入るのはそいつらですね。みそ汁に入れてもいいし、肉と炒めてもいいし、みたいないろんなものに使えるヤツら。体を鍛えていた時は、ブロッコリーを食べてた。ブロッコリーとささみを大量にレンチンしてほぐして水気を取ったら1食分ずつラップして……フリーザーバッグに入れて凍らせておく。大きいフリーザーバッグ2袋分、常に冷凍してあったな。1食分を解凍して、梅干しをたたいたのとかつお節をかけて、しょうゆをちょっと垂らせば……おいしい！」

　火にかけておいた鍋のだしが沸いてくると、「あーいい匂い！　和風最強！」。今回はかつお節と昆布です、と言われると「一番好きなヤツ！」とさらにテンションが上がった。今回使用するだしは先生が事前に取っておいたものだが、自

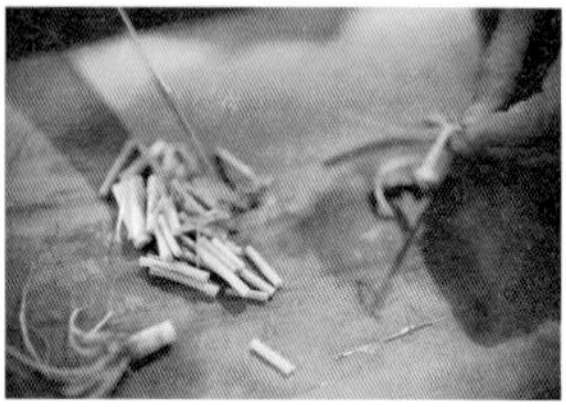

宅で料理をする際には自分でだしを取ることもあるという。

「かつお節と昆布と……昆布は沸騰する直前に取り出して。顆粒だしも使いますよ」

実は料理をしないという編集・村井が後から、だしが面倒だとずっと思ってたんですけど……と言うと「だしパック、便利だよ。鍋に水と一緒に入れて火にかけて、置いておくだけだから。他の食材切っている間にね」。

料理のことが何もわからないので「すごいです」としかコメントが浮かばないです、と言う村井に「この企画で料理に目覚めるかもよ？　村井さんのコメントも変わってくるかもしれない」と言って笑った。

手を動かしながら、やや唐突に「あ、先生。先に告白するんですけど……きのこが苦手です」と言う。きのこ全部ダメですか？と聞かれると「なめことか、だしに少し使う程度だったら大丈夫です。椎茸とか松茸とか舞茸とかが苦手で……。きのこには浅からぬ因縁があるんですよ。子供の時は、乾燥椎茸の裏側を見て号泣してたらしいです」。そして「他にも本当にダメなものが出てきたら、この企画では『ダメです』って言いますね」と付け加えた。笑いながら話すが、早い段階で伝えておくところに、誠実さと正直さを感じる。

料理後に自身のショートエッセイをページのどこに配置するかを話し合っている際には「内容によって、前か後か、一番いい場所を村井さんがジャッジするのがいいんじゃない？　そのほうが自由度が高いよね」とさらりと言った。楽しく、自由に。誠実に、正直に。前回に続き、中村倫也のこの企画への向き合い方が伝わってくる。

雑炊は、第1回より短い10分弱で完成。

「早くて簡単って一番嬉しいんですよね。レシピに『豚肉を3時間煮る』とか書いてあると、その時点でやる気がなくなる」と、笑う。

器に盛り付けながら「盛り付けがんばるけど……うまいこといかないなあ。イメージとしてはたけのこを周りにこう並べたいんだけど」と言いつつ突然「ガッサー！」と鍋から豪快に器へ。「盛り付けも褒められるぐらいになりたいなあ」

出来上がりを撮影しているのを見ながら「これは絶対おいしいぞ！」と待ちきれない様子。

「いただきまーす！　あーもういい匂い」とひと口。目を閉じて噛みしめる。シャキシャキとたけのこのいい音が聞こえる。

「なんか……〝雑炊〟だよねえ。セリの根っこ、セリっこは、初めて食べるな。（食べて）あっほんとだ！　茎と葉っぱよりも香りが強い！　うんうん、ああ、山椒もいいぞ。もう、おいしいなあ……」と手が止まらない。

では、タイトルを。

「うーん。『紫式部の昼下がり』かな」

『中国の、田舎町の、怖い先輩雑炊』に続き、またしても予想外のタイトル。

「いやあ、うららかな日差しの中にいる、平安時代の高貴な女性が浮かんだんですよ、パッと。清少納言でもいいんだけど。去年舞台『狐晴明九尾狩』で安倍晴明をやってた、ってのもインスピレーションとしてはあるのかもしれない。和風だしの安定したおいしさの中を、セリと山椒のすごい爽やかな一陣の風がサンッ……と吹き抜けていく。で、たけのこの軟らかシャキシャキの食感とわかめの歯応えがあって。味付けは誰もが思い浮かべる日本の雑炊だと思うんだけど……それだけじゃなくて、その上で位の高い人たちが蹴鞠をしているイメージなんですよ。春のちょうどいい気温の時に、中庭でね。あ、タイトルはやっぱり『紫式部の蹴鞠飯』にしよう！」

語り続ける中で、タイトル変更。

「4月だから、皆さん新学期で新しい友達と蹴鞠をする機会もあるでしょう。そういう時に『じゃあ私が腕を振るうわ』と十二単の袖をまくって、たすき掛けをして〝お勝手〟に立っていただければと思います」

中村さんお手製

Short Essay

「ありふれた初恋のハナシ」 文：中村倫也

運動神経のいい子がカッコよく思えたのはなぜなんだろう。そしていつから、見た目や学歴、職種なんかを気にするようになったんだろう。橘くんは誰よりも優雅に鞠を蹴り上げる子だった。青空がよく似合う澄み切った笑顔。時折目にかかる柔らかい前髪をガッとかき上げる手が好きだった。「父さんが教えてくれたんだよね」と蹴鞠について語る彼は、どこか寂しげだったっけ。そんなことを思い出したのは、掃除の合間につい卒業アルバムを開いてしまったから。大人になっても、鞠、蹴っているのかな。蹴っていて欲しいな。素敵なヒトとは出会えたのかな。久しぶりに会いたいな……。いま年収、いくらなんだろう……？

先生のお手本

第３回

『左サイドバック片栗粉の果敢なオーバーラップ』

（2022年6月号雑誌掲載）

材料（1人分）

- ごはん … 1膳分（150g）
- そら豆 … 30g
- スナップエンドウ … 3本（17g）
- 冷凍枝豆 … 25g
- 鶏ささみ肉 … 1本（50g）
- 塩 … 少々
- 片栗粉 … 適量
- チキンスープ … 300㎖
- A
  - グリーンカレーペースト … 小さじ2
  - ナンプラー … 小さじ1
  - 砂糖 … 小さじ1

作り方

1 そら豆はさや付きの場合、中身を取り出して黒い部分に包丁で切れ目を入れ、下茹でする。茹で上がったら薄皮を剥く。スナップエンドウはヘタと筋を取り、縦に開く。

2 鶏ささみ肉は筋を取ってひと口大にそぎ切りしたら、塩を振り、片栗粉をまぶして余分な粉を落とす。

3 鍋にチキンスープを沸かし、Aで調味をする。沸騰してきたらごはんを加えて軽くほぐし、3種類の豆を入れる。**2**を散らしながら入れて、鶏ささみ肉に火が通ってきたら火を止める。

カレーではないんだ、雑炊なんだ

「料理の時は、段取りと効率を大事にする」

過去2回で、その手際の良さを存分に見せてきた中村倫也らしい発言。第1回では料理の「スピード」や「工程」について語っていたが、それとつながるような「雑談」が始まる。

「学生の頃、マクドナルドの厨房でバイトしてたから身に付いてるのかな？　肉を焼いている間にバンズにマヨネーズとケチャップを塗って、これとこれを準備して、あれができたらさっきのこれといっせーのでガチャッと合わせて出す！みたいな感じ。片付けも同時にやりますよ」

料理以外でも段取りと効率は大事に？

「効率がいいのに越したことないよね、と思って生きてます。だから（撮影）現場で、段取りがうまくいかなくて効率が悪くなっている場面に遭遇すると、気になっちゃうんですよ」

そんな場面でも、態度には出さないように見える。

「あまりにも、な時だけ出します。大体でっかい声で『次、どこからですか？』って確認する。そうすると次に進むし、誰かに答えてもらえる。その答えを聞いている皆が『あ、じゃあこのセリフはまだ言わなくていいんだ』とか『次はカメラがこっちからだからここにいないと』とかわかるじゃない？」

「皆が」わかるように、「でっかい声」を出すのだ。

「俺だけがわかっても意味ないから。ね。いやあ……面倒くさいんですけどね。そういう状況が見えなければ気にならないのになあって思うことがよくあります」

常に周りが見えていて、他の人が気付かないことにも気付いてしまう——以前、雑誌のインタビューでも「気付かないヤツになりたい」と語っていた。

今回作る雑炊は、タカハシユキ先生（以下、先生）いわく「まめまめしい雑炊」。そら豆（今回はさや付きのものを使用）、スナップエンドウ、冷凍枝豆、3種類の緑色がトレーに並ぶ。

「そら豆だ！　普段はさや付きのまま魚焼きグリルで焼いたりしてます」

先生のお手本に続いて、そら豆のさやを両手でひねるように、バリバリッと音をさせて豪快に剥いた。

茹でた後に薄皮から出しやすいように、黒い部分（おはぐろ）に包丁で切れ込みを入れる方法を教わる。包丁の角に親

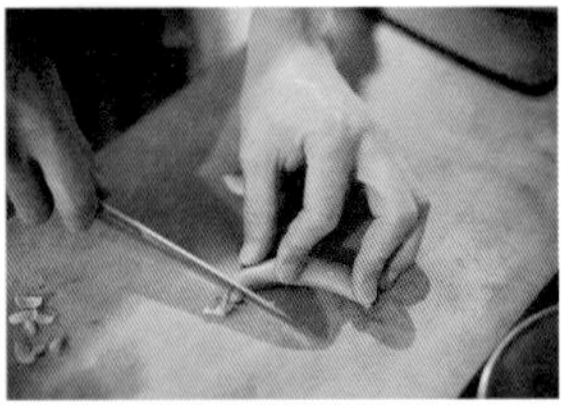

指を出すようにするんですが……と先生がお手本を見せると、珍しく手が止まる。

「大根の面取りをする時と同じような動きなんだけど……包丁の進路上に指を出すのが怖い。ズルンて親指まで包丁が届いちゃいそうでつい引っ込めちゃうな……先生、俺怖いです！」

気が楽なやり方でいいですよ、と先生に言われると「切れ目さえ入っていればいいんですもんね」と自分のやり方で無事完了。深さのある小さな竹籠にそら豆を入れ、そのまま熱湯へ。

「このまま入れていいんだ！　このやり方いいな……風情が出る。でもうちの鍋に合うサイズのを買わないといけないからなあ」

茹で上がったそら豆は、ほんの少しの力で薄皮がきれいに剥けた。「ああ、切れ目が入っていると楽ですなあ」。ほかほかと湯気をたてる豆に、「生まれたてー！」とひと言。

「さやごと焼く時は塩かけて、薄皮も食っちゃうんだけどね」

スナップエンドウはさやの筋を取り、「オープン！」と叫びながら縦に開いた。豆が中できちんと並んでいる様子を見て今度は「かわいいねえ」と声をかけている。

鶏ささみ肉は「筋繊維を断ち切る方向にですよね？」と確認しながら切っていく。片栗粉をまぶす工程で「片栗粉って……このギシギシする感触が楽しいよね。ちっちゃい頃、こうやって（片栗粉を握る）遊んでたなあ。片栗粉を使った料理なら子供も手伝うと思います。楽しいもん」。

グリーンカレーペーストとナンプラーと砂糖で調味したチキンスープが沸いてきたところで、ごはん、3種類の豆を入れ、最後にささみを投入。

「だんだんこう、肉の色が白っぽく変わっていくのを見たりするのが好きなんですよね」

その言葉に、周りのスタッフたちが鍋を覗き込む。

「皆興味津々じゃない。この企画、成功するね。これだけ現場にいる人が興味持ってるんだから」

すぐにささみに火が通り、今回は20分弱で完成。

ひと口食べて「片栗粉!!」と叫ぶ。「めーっちゃうまい。これ、ちょっと感動的な雑炊」と、もりもりと食べ進めていく。

「悩むなー、タイトル」と言った直後に『左サイドバック片栗粉の果敢なオーバーラップ』とタイトル決定。今回は元サッカー部らしい例え。

「まずね、グリーンカレーペーストが入っているので『こんな雑炊は食べたことがない』っていう味なんですよ。そんな中で、このちっちゃなちっちゃなお豆さんたちの力を感じるわけです。非常に優しくて温かみのある人間性が感じられて……だからマイルドなサッカーをするチームに見えるんだけれども、実は片栗粉が左サイドバックからゲームを作っている、攻撃的なサッカーをするチームなんです。片栗粉は点を取るポジションではないんだけど、すごくサッカーIQが高い。どのチームに行っても監督から好まれるタイプの選手ですね。一番いい仕事してるのは片栗粉。食べたらわかると思う」

スタッフも試食。確かに、ささみにまぶした片栗粉が全体をとろりとまとめている。ささみも軟らかい。片栗粉をまぶすことでぷるんとした食感になります、と先生。

「ささみって難しい食材ですよね。火の通し方で変わってくる。火力が強過ぎたら硬くなるし、弱過ぎても中まで火が通らないし……。だから今までは結構いろんなチームでささみくんが和を乱してきたんですよ。でもこのチームでは、片栗粉さんが横にいることでうまくいっているんだと思います」

「片栗粉さん」のおかげで、この「食べたことがない」おいしい雑炊が成立しているのか……となっていると、「これ

で3回目でしょ。『やんごとなき雑炊』という連載において、今回のこの子たちがハードルをクリアしてくれたんですよ。今後の〝雑炊展開〟がだいぶ見えてきましたよね」。

雑炊展開……？

「雑炊展開です。今回で、雑炊というものの許容量が増えたんです。いや、範囲が広がったんです、東南方向に。これはカレーではないんだ、雑炊なんだ、ということです！」

雑炊と雑炊ではないものを分ける基準は何なのだろう。

「それは……先生次第です。私はノージャッジ!!　この展開だと、いつチーズが出てくるのかですね……楽しみにしてます」

中村さんお手製

Short Essay

「擬人化ミス」 文：中村倫也

そら豆は可愛い。丸々としたフォルムにつやっとした表情から、温厚で愛され者の、育ちの良いお坊ちゃんを想像する。

彼の名前の由来を調べてみた。さやが空に向かって伸びるからそら豆、だそうだ。普通他の豆たちは、つるにぶら下がるようにしてさやをつける。しかしそら豆は逆で、人で例えるなら逆立ちの状態で身体を大きくしていき、自分の体重を支えられなくなってぶら下がった頃に収穫されるらしい。

生まれてすぐに逆立ちを強いられ、他の子が鬼ごっこをしている時も、お人形遊びをしている時も、お菓子を食べながらテレビゲームをしている時も、初めてスマホを買ってもらい異性を意識してヘアワックスを購入し始めた時も、俺東京行くんだ、なんて語り合っている時も、彼はずっと一歩も動かず、逆立ちをし続けている。支える腕はこの世のものとは思えないほど発達し、食いしばり続けた歯は欠け、同級生を睨む目は赤く、こめかみには血管が浮く。そしてついに限界を迎え崩れ落ちた時、収穫され茹でられ、可愛いね、なんて一方的に言われるのだ。

坊ちゃん感のカケラもない。もうなんかいろいろごめんね、そら豆。

第４回

『とろっとろのサマーランド』

（2022年7月号雑誌掲載）

材料（1人分）

◦ごはん … 1膳分（150g）
◦鶏ひき肉 … 60g
◦A
　◦塩 … 少々
　◦しょうゆ … 小さじ1/4
　◦おろししょうが … 少々
◦豆苗 … 20g
◦長いも … 55g
◦和だし汁（かつお節、昆布）… 350㎖
◦ハト麦茶（ティーバッグ）… 1パック（7g）
◦B
　◦酒 … 小さじ1/2
　◦しょうゆ … 小さじ1/2〜1
　＊むくみやすい人は調味料を減らして薄味にする。

作り方

1　小さめのボウルに鶏ひき肉、Aを入れてヘラなどで混ぜ合わせる。豆苗は根を落として３等分に切る。
2　長いもはガス火でヒゲ（根）を焼く。皮付きのまま1cm角ぐらいに切る。
3　鍋に和だし汁を沸かし、ハト麦茶のティーバッグを入れる。２〜３分したら、鶏ひき肉をヘラで少しずつ鍋に落とし入れ、長いもを加える。
4　沸騰してきたらアクをすくい、ごはんを入れて軽くほぐす。
5　Bで調味し、再び沸騰してきたらアクをすくい、豆苗を加えてすぐに火を止める。ティーバッグを取り出す。

食べるものでも、むくみがとれる

企画の撮影も4回目。もう慣れましたか？

「いやあ何度も言って申し訳ないんですけど、そもそもこの企画で何かを目指していないからなあ。慣れるとかそういうことも意識してない。でもスタッフも毎回皆笑顔、笑顔で良かったなと思う。……何なのこのページっていう感想は来ないの？」

実際に雑炊を作ってくださった読者の方もたくさんいらっしゃるようです、と告げると「ほんと？　良かったねえ、それは。いや嬉しいですね。作ってもらえたらいいよねっていう企画だから」。

自身も既に第1回と第2回の雑炊は自宅で作ったという。「山椒の実（第2回参照）が売ってなかったので入れられなかったのと、菜の花（第1回参照）も売ってなかったのでクレソンに代えたりはしましたけどね」

タカハシユキ先生（以下、先生）から「クレソンで作るのおしゃれですね」と声がかかる。

今回の手順を一通り説明されると「早いよ、今日も」と現場に元気な声を響かせる。

鶏ひき肉におろししょうがと調味料を混ぜ、つくねのタネ作り。手渡されたシリコンスプーンを早速気に入った様子。「カチャカチャ音がしなくていいなあ。音が気になって力を入れて混ぜられないことがあるから。丸めるのはだしに入れる直前ですか？」

簡単な感じでいこうと思っているので、丸めずにそのスプーンでなんとなく形を作って入れます、と先生。

「ナイスです。簡単な感じ、好きです」

長いものヒゲ（根）を焼く作業は「初めてやる」。長いもを手でつかみ直接ガスの火に当てると、パチパチとオレンジ色の小さな火花が。「おお、花火みたい」

長いもは皮付きのまま使う。包丁を入れると「あれ？　表面を焼いた長いもを切るのって楽しいですね。カリッというかパリパリッて包丁が入る。ほら、この音」。また包丁を入れると、確かにカリッとパリッの間のような硬質で気持ちのいい音が聞こえる。「いい音でしょう？」

沸騰しただし汁に、ティーバッグタイプのハト麦茶を投入し、煮出していく。その間に豆苗を収穫しましょう、と先生。スポンジから伸びた状態の豆苗をキッチンばさみで切る。

「うわ、すごくみずみずしい。豆苗ってすごいよね。食べた後に（スポンジ部分を）捨てずに置いておけば3回くらいは生えてくるでしょう」

鍋をのぞき「これ、ティーバッグをつついても煮出すスピードは変わらないですか？　俺たまにやっちゃうんですけど。昆布とかでもやる」。そして「暇です」とカメラに向かってガッツポーズ。「この時間でもう1つ雑炊作れちゃいそうだなあ」と、わずか数分のことながら「効率」を重視する人らしい発言。

つくねのタネは、スプーンで少しずつ鍋に落とす。

「スプーンを2つ使って丸めたりもしないんですね。（落としながら）こんなん、楽しい。ずっとできる」

切った長いもを入れようとつかむも、ぬるぬると手から逃げる。「一気にいきたいのよね」と包丁を使ってガバッとまな板からすくい取る。

ごはんを投入する際は「つくねに気をつかいますね。つなぎが入っていないから、ごはんをドンと入れたら散ってしまいそう」と、つくねをよけるように優しくごはんを入れていく。

調味し、再び沸騰したらアクをすくい、豆苗を入れてすぐ火を止め、完成。

「最後までハト麦茶のパックは取り出しませんでしたね」

梅雨の時期のむくみを取るための雑炊なんです、と先生。ハト麦にも豆苗にも利尿作用があるのだという。

「マッサージとかストレッチだけじゃなくて食べるものでも、むくみがとれるんだもんね。すごいよなあ」

スプーンでたくさんすくって口に入れようとしたところで「熱っ」と顔をしかめる。「失敗した。なんで猫舌なのにフーフーするの忘れたんだ」

ひと口食べて「豆苗の香り」と言った後、目を見開いてしばし虚空を見つめる。

「味の分析がめちゃくちゃ難しい。今までで一番複雑な味かも。いろんなものが絡み合って溶け合ってる。豆苗の香りがまず来て、そこにハト麦茶が来る。ハト麦茶がソプラノにいるんだよ。ちょっとハスキーなソプラノなの。これじゃあ読んでいる人わかんないよねえ」と苦笑。

「口の中の上のほうに、いい感じの香ばしさと、穀物の香りがある。で、長いものとろっとした、温かみがいて。優しい中にしょうがが利いた鶏つくねもわかりやすい位置にいるんだけど、次々といろんな味が流れていくんだよな……流れるプールみたいな。『とろっとろのサマーランド』です。——タイトル決まった」

巨大な流れるプールで有名な「東京サマーランド」の登場で、タイトル決定。

「泳げる人も泳げない人も、この日のために筋肉を仕上げてきた人も、運動不足の人も、水中帽をかぶる子供もかぶらない子供も、皆ってことです」

試食してみる。ハト麦の香ばしさが口内の上のほうにずっと漂っていて、その下で他のおいしさがどんどん現れてくる。「ソプラノ」も「流れるプール」も荒唐無稽な表現ではないと、食べた人にはきっとわかる。

「〝例え〟が秀逸過ぎるのでね。共感を得られないことが多々あるんですよ。中高くらいからそうでした。もう例えないと決めたこともあったんですけど、何のために生まれてきたのかといえば例えるためだろって気付いたんで。使命感がありますね」とふざけているのか真剣なのかわからない口調で言う。ただ例えが秀逸なのは、中村倫也の書くものを読んできた人なら、誰もが頷くところだろう。

ショートエッセイも毎回、雑炊そのものとは絶妙にずらしたテーマとオチで、読んでいてわくわくさせられる。

「いやいや、ずらすとかも考えてないんですよ。エッセイは〝雑炊のお供〟みたいなものだからね。何も考えずに、いい意味で無責任に書けばいいかなと。２００字前後だと、振り逃げみたいなスタイルでいい。２０００字だとヒットを打とうとか走者を返そうとか考えないといけないじゃないですか。『ＴＨＥやんごとなき雑談』の時はそれなりに考えて展開させていたし、ひねり出していたからね」

「無責任に」と言うが、むしろ原稿にその都度どう向き合うのかという強いプロ意識が垣間見える。

エッセイの長さは、少しずつ長くなっている。

「担当の村井さんに、増えちゃってごめんと言ったら、全然いいですと。ありがたいです。長く書いたものをギャンッて短くするのもまた別の大変さがあるから。でも毎回長く書くのが当たり前になったら困るな。今回は文字数減らさないと」

長く書いてください、と言う編集・村井に、「次は25文字かな」と言って笑った。

中村さんお手製

Short Essay

「何者」 文：中村倫也

海派か山派かと聞かれれば、私は迷わず山の良さを力説することにしている。

なにせ夏の海は眩しくて目が痛くなるし、潮風がまとわりついてベタベタして気持ち悪いし、直射日光で肌が火傷するし、とにかく暑くて疲れる。やんちゃな人たちも多いし。あの人たち声デカいから怖いし。ところ構わず爆音で音楽流しそうだし。うん。ひとつも良いことがない。

その点、山は良い。木々の葉っぱが擦れる音、透き通った川の水、静かに生きる苔や花たち。どこからか聞こえる鳥たちの声に耳を傾けながらコーヒーを一杯。なんというか、奥行きがある。心安らぐ懐の深さがある。これこそ日本人の求める美ではないだろうか？

でも夏が近づく度に、ドラマ『ビーチボーイズ』を見返している私は、いったい何なんだろう。

第5回

『その味、好評につき』

（2022年8月号雑誌掲載）

材料（1人分）

◦ごはん … 1膳分（150g）
◦水 … 200㎖
◦にんにく … 1/2片（みじん切り）
◦チキンコンソメ（顆粒）… 小さじ1
◦トマトソース … 100㎖
　＊今回は塩分不使用の市販品を使用。
◦あさり … 3個
　＊砂抜きしておく。
◦ボイルほたて … 2個
◦無頭えび（中）… 2尾
　＊魚介はお好みで。冷凍のシーフードミックスやお刺身の残りでも。
◦塩 … 小さじ1/8
　＊使用するトマトソースによって調節。
◦オリーブオイル … 少々
◦こしょう … 少々
◦刻みパセリ … 少々

作り方

1　えびは竹串で背わたを取り、殻を剥く。
2　鍋に水、にんにく、チキンコンソメ、トマトソースを入れる。
3　2が沸いたらごはんを入れて軽くほぐし、魚介を加える。あさりの殻が開いたら、塩で味を調えて火を止める。
4　器に盛り、オリーブオイルを回しかけ、こしょう、パセリを散らす。

雑炊にオリーブオイルだよ？

「殻の上から背わたを取るんですか？　背中をピッと包丁で開いて取るんじゃなくてですか？」

えびを前に、珍しく中村倫也が戸惑っている。

今回はえびの形を残したいなと思って、とタカハシユキ先生（以下、先生）。説明を受けて殻の上から竹串をさすも、何も出てこない。最近は入っていない場合もありますからね、と先生のフォロー。「出てきた出てきた、よし」とエアで背わたを抜くしぐさをする。落語みたいですね、と編集・村井がつっこむ。

「慣れない動きは手早くできないなあ。今までで一番手際が悪い」とつぶやく中村に、やった！と村井。それに対し中村が「今の言い方すごいイヤだった！　この前そら豆に苦戦（第3回参照）した時も嬉しそうにしてたよね？」と憤慨。いつもササッとなさるので苦手な部分を記事にできるのもいいなと……と誌面のおもしろさ優先の発言を続ける村井との攻防がしばし続く。

結局1つも背わたが取れず「なかったことにしよう。一生こいつ（背わた）とは相容れないんだろうな」と殻を剥く作業に移る。「あんまり強くやると身をちぎっちゃいそうなのも怖いし。ほら僕、村一番の力持ちだから」。優しきモンスターみたいな発言ですね、と言うと「トモダチィ……ナンデ、ミンナアソンデクレナイノ……」と突然モンスターの声色に。「怖がらせちゃダメ（モンスターのお母さん登場）」「オカアサン、ボク、ミンナトチガウノ？」「違わない。あなたはとっても優しい子。いつかあなたの優しさに気付いてくれる人が現れる」「オカアサン……」と殻を剥きながら寸劇が展開。本人は軽くふざけたつもりに違いないが、録音を聞くと急に声の響きが良くなり、言葉も明瞭になっていて驚く。

撮影前に、魚介は前の日に残ったお刺身でもいい、と説明を受けたのを思い出して先生に話を振ると、その場合は半生に仕上げてもおいしいです、と試したくなるアイデアが。

いつも通り手際よく準備された食材が鍋で煮えている。あさりが開くのをじっと待つ。

「あ、開いた」

塩で味を調えて、完成。手際の悪さを嘆いていたものの、ここまでわずか15分。

今回の雑炊は、先生いわく「カルドソ」というスペイン風

魚介の雑炊。にんにくとトマト、そしてえびやあさりのいい香りが漂う。器によそいながら「カルドソって人の名前かな？　ハヤシさんが作ったからハヤシライス説みたいな感じで。オスカル・カルドソっていうパラグアイ出身のサッカー選手がいるよ」。

「雑炊にオリーブオイルだよ？」とオリーブオイルを回しかけ、「こしょう好きなんですよねー」とたっぷりめのこしょう、そしてパセリを散らせば、盛り付けも美しく完成。

　ひと口食べて、にっこり。そのままもりもりと食べ進め、感想を口にしないまま完食すると「おいしかったです」と元気にひと言だけ言う。

「具材と工程で皆が想像している通りの、すごくおいしい雑炊です」

　映画をもじったタイトルがするりと出る。「『その味、好評につき』」。

　試食してみると、まさに誰からも好評に違いないあのトマト味だ。「そうでしょう？　すぐにお店で出せる、おいしいあの味」。普段の饒舌さに比べてシンプルな感想。

「バラエティに出る時は、がんばってあの手この手でコメントするんですよ。いろんな種類の球を全員が投げれば使いやすいだろうと思うから。だけど、この企画の読者とスタッフの前では無理はしたくない。〝誠実なあんちゃん〟でいたいわけですよ」

確かに中村倫也の正直さは、本企画の柱と言ってもいい。「だから次回はひとひねりを期待します」と誌面を通した挑戦状が先生に出される（先生はキッチンにいて不在）。

第3回のラスト「いつチーズが出てくるのかですね」という中村のコメントを誌面で読んだという先生。だからチーズを出すのはまだやめておこうかなと思って、と撮影前に語っていた。キッチンにいた先生を呼び、そのことをあらためて聞くと、出す時にはドカーンとチーズを出したいと思っているので……という答え。「物理的にものすごい大きな鍋でチーズをドカーン、とかじゃないですよね？」と、このやりとりを楽しむ中村。

先生が再びキッチンに戻ったところで「この雑炊、冷製にしてもおいしそうだなって思ったんですよ。でも、そう言ったら先生、きっと出してくれなくなるからなあ」とこそっと言う。

ここまで話してきて「というか……料理ページに載ってるレシピってこれが普通だよね？」と我に返ったように言う。

「俺らのページがちょっと遊び過ぎていただけかもしれない。今までは、自分では料理に使ったことのない野菜とかちょっと変わりダネの食材を『こうしたらこうなるよ』というのが知れてたんだよね。俺は意外性のあるものが好きだからなあ」

食に対する好奇心の強さ、感度の高さに、毎回驚かされる。この後、最近おいしかったものを聞いた時も「うつぼの天ぷら」と即答。

「この前行った、高知で食べました。甘みがあってコラーゲンがたっぷりのうなぎみたいな感じ。塩をつけて食べたんだけど、うまかったです。まんぼうの天ぷらも食べた。思ったより身が締まっていて、いかみたいな食感。いかフライの感じですね。へんな魚に目がないんですよね。皆が『えーっ』てなるようなものも食っちゃう」

やはり食への好奇心が、と筆者が感じ入っていると「生き物への興味なんだと思う」と話が少し違う方向に進む。

「『目に入れても痛くない』っていう、愛情のあるものに使う表現があるじゃないですか。それと近いのかも。僕は生き物が好きで、いつも体のしくみとかを見ているわけですよ。大好きなその生き物の料理が存在していて、かつ機会があるなら自分の体内に入れておかなきゃ、みたいな感覚です」

愛するものをもっとよく知りたいがゆえの行動。

「経験したことがあるのとないのとでは、全然違いますよね。『実感した』というのが大事だと思うんですよ。まあ、さすがに蜘蛛をそのままの形で食べるとかは無理だけど。……いや蜘蛛フレークだったら食えるかも。ふりかけみたいにしてあれば。うまいのかどうかはわからないけどね」

全ての撮影と取材が終わると、この日は「ごきげんよう」と優雅に言い残し、帰っていった。

毎回掲載しているお手本写真用に、先生があらためて作ってくれた熱々の『その味、好評につき』を食べながらしばし雑談をする。中村の感想を聞いていたであろう先生が「やっぱりお刺身の残りを使うほうのレシピにすればよかったですねえ」と笑いながらではあるが少し悔しそうに言う。いつも飄々と、かつにこにこと指導する先生の熱さが感じられてぐっとくる。今後の「雑炊展開」（第3回参照）がさらに楽しみになった。

中村さんお手製

Short Essay

「海峡ロマン」 文：中村倫也

手のひらの上では、情報が溢れている。

スペイン南端には有名なジブラルタル海峡がある。肉眼でアフリカ大陸がすぐ目の前に見える、最も狭いところで幅わずか14kmの海。その眺望の良さだけでなく世界史の中でも深い意味を持つこの地は、私の「いつか訪れたい場所ランキング」の常連なのだが、恥ずかしながらジブラルタルがスペインではなくイギリス領だということを、つい最近学んだ。

つまり、この場所について知ってはいるが、識らなかったのだ。

雑炊もそうだ。その作り方や味を知っていた。えびの背わたの存在も知ってはいる。しかしそれらのバリエーションや調理法などは、詳しくは識らない。

遠い昔、海の向こうの陸地を識ろうと、船を漕ぎ旅をした人がいるのだろう。

手のひらで、肌で、舌で、知っているものを“識っているもの”に変えていくことが、旅の目的なのかもしれない。

と、それっぽいことを知った顔で書いてみる。

ちょこっと「箸休め」的な企画を、はさみこみ①
真似したい、〝202〟にあった素敵なもの。
【キッチングッズ編】

第19回（P120〜125）のタイトルにもなった、フードコーディネーター・タカハシユキ先生（以下、先生）のスタジオの部屋番号〝202〟。その202号室には、毎日の生活に取り入れたい、参考にしたい、素敵で、でも手軽にそろえられるアイテムや、アイデアとプロの知識が詰まっていました。

そこで、202号室のインテリアやキッチングッズを、先生のコメントとスタッフのエピソードを交えながら、【キッチングッズ編】（P36〜37）【おいしいもの編】（P68〜69）【インテリア編】（P100〜101）と、3回にわたりご紹介します。

●小さいまな板

中村倫也が撮影時、主に使っていた大きな木のまな板の他に、小さいまな板がサイズ違いでずらり。大きなまな板で野菜を切り終えたら、小さいサイズのまな板をその上にサッと置いて肉を切るなど、使い分けにも便利。料理はしないと言い続けてきた編集・村井も欲しくなり、小さな木製のまな板を購入したという。

木製だと菌が繁殖しやすく手入れが大変なイメージがあるが「私は乾かすためにガス火で直接あぶったりします。だからちょっと焦げてるんですけど（笑）」。

●しゃもじ

雑炊の主役とも言えるごはんを、中村がすくってきたしゃもじ〝マーナ 立つしゃもじ プレミアムクリア〟。ミルキークイーン（もちもちとした種類のお米）さえまったくくっつかなかったです！と、購入したカメラマンから喜びの報告も。

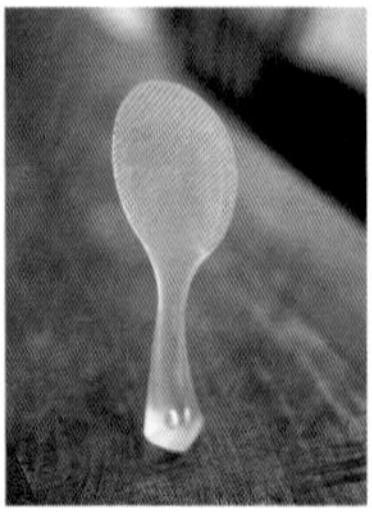

炊飯器は、15年以上前から愛用している年代物。「大勢の人が集まる時は、どうしてもたくさん炊く必要があるので」一升（10合）炊きのものを使用しているが、最近は5合炊きが主流でなかなか手に入らないため、古いものを使い続けている。

「多機能な炊飯器も出ていますが、私はごはんを炊く以外には使わないので、これで十分かなと」

●バットや小皿、計量スプーン

材料を一時的に乗せておく、ステンレス製のバット。中村は、調理中に先生の指示を待たずに、この棚から取って使い始めるようになった。

「なくても全然困らないと思いますが、

うちのキッチンは狭いので、同じサイズで重ねて収納できるバットは便利です」

量った調味料を「間違えないように事前に」入れておく小さなガラスの小皿もかわいい。計量スプーンは大さじ、小さじに加え小さじ1／2と1／4もあると便利。

●すり鉢

第18回（P114〜119）で、用意されるも中村が〝使わなかった〟すり鉢。

「深さがあって使いやすい。バランスがいいすり鉢ですね。浅いと横に広がるので収納にも場所を取る。いいすり鉢はなかなか売っていないので、見つけた時が買い時です」

●竹籠

第3回（P18〜23）でそら豆を茹でる際と、第11回（P70〜75）でマグロを湯通しする際に使った竹籠。愛用している鍋とセットで使えるよう、3サイズをオーダー。

「鍋より丈を少し高くしてあるので、茹で終わったら、縁の部分を素手で持って引き上げられる。いい籠を作れる竹細工職人さんが少なくなっているんですが、探して、作ってもらいました。焦がしたりとか、結構ひどい扱いをしながら(笑)10年以上使っていますが、全然壊れません」

●包丁は磁石で

包丁は、流しの上にあるステンレスの棚に100円ショップで買った超強力タイプの磁石でくっつけて、すぐに使えるよう工夫。

●ガスコンロ

外国製のおしゃれなガスコンロ。どのツマミを回すとどのコンロの火がつくのか……？と長く中村を戸惑わせた。

＊「　」はフードコーディネーター・タカハシユキ先生のコメントです。

先生のお手本

第6回

『あの波に消えた、ビーチボールは。』

（2022年9月号雑誌掲載）

材料（1人分） ＊ただしガスパチョの分量は6人分。

- 冷たいごはん … 1膳分（150g）
- トマト … 1個
  （フルーツトマトなら2～3個）
  ＊今回はフルーツトマト3個（約290g）。
- きゅうり … 1/4本
- 玉ねぎ … 1/8個
- 田舎パン
  … 5㎝角×1㎝厚ぐらいのもの1枚（20g）
  ＊硬くなったものでもOK（バゲットなど他のハード系のパンでも代用可）。
- にんにく … 薄切り1枚
- 水 … 1ℓ
- エキストラバージンオリーブオイル … 適量
- 岩塩 … 少々
  ＊他の種類の塩でも可。
- 生ハム … 1枚
- レモン … 適宜

作り方

1　トマトはヘタを取り、生のまま手で皮を剥く。種は好みで取り除く（つぶつぶ感と酸味が好きな人は残す）。きゅうりはピーラーで皮を剥く。

2　トマト、きゅうり、玉ねぎはざく切りにし、パンは手でちぎる。

3　**2**の材料、にんにくをミキサーに入れて水を注ぐ。エキストラバージンオリーブオイルを回しかけて滑らかになるまで撹拌し、岩塩で味を調える。冷蔵庫で2～3時間寝かす。

4　ごはんは流水で洗い水気を切る。器に盛って、**3**のガスパチョを好みで適量注ぎ、生ハムとレモンをトッピングする。好みでオリーブオイル（エキストラバージンオリーブオイルでなくても可）を回しかける。
＊ガスパチョは材料の兼ね合い上、作りやすい分量でレシピを作成しているため、多めに出来上がります。またガスパチョは、そのままスープとしてもいただけます。

これはどんだけ夏バテしても食える飯

「朝から何も食べてないんですよ」。午前中の生放送を終えてやって来た中村倫也は、空腹のようだ。

今回の雑炊は「ガスパチョ（スペインの冷製トマトスープ）」をベースにしたもの。夏バテにいいです、というタカハシユキ先生（以下、先生）の言葉に「今の僕にぴったりの雑炊。海辺での撮影が続いて夏バテ気味なんです」と嬉しそうだ。

パンをちぎってミキサーに入れます、との指示に「パンを先に？」と驚き「クルトン的なサイズで？」と確認。大きくても大丈夫です、と言われるも「うーん。完成形がまだ見えていないから（サイズ感が）わかんないな……でもちぎれと言われたら、ちぎる男なのでね。いろんな人間関係をちぎって生きてきましたから」とちぎっていく。

玉ねぎ、ピーラーで皮を剥いたきゅうり、薄切りにしたにんにく1枚、とミキサーにどんどん入れていく。

完熟のフルーツトマトは、そのまま手で皮を剥く。

「トマトの皮を剥いたの初めて」

ここから中村の苦闘が始まる。厚く剥き過ぎて果肉が欠けたトマトをカメラに向けると「〝唇の皮を剥いて血が滲んでる時〟ってキャプションつけてください」と料理連載らしからぬ例え。

「これが茹で卵だったら、もう白身がぐじゅぐじゅだな」

トマトのおいしい汁を残したいので、と言う先生に「はい、わかってはいるんです。でも俺、村一番の力持ちなんで握り潰しちゃうんですよ」と第5回の〝優しきモンスター〟が再び登場。

包丁を使うも「あームズい」と困惑する中村を見て、笑顔になる編集・村井。それに気付いて「俺が不得手なものを載せる誌面にしたいのか」と憤る。弱っているところを読者の方に見ていただきたいので、と村井。すると先生が、剥く料理を多くしたほうがいいでしょうかね？と参入。

「剥く料理っていうジャンルはないんですよ、先生。ご存じかと思いますが」

包丁をピーラーに持ち替え、盛大に汁をこぼしながらざくざくと皮を剥き、「いよいよ骨まで見えてきたな。俺の前に来たのが間違いだ」と、ついにはトマトに話しかけ始める。

だが皮を剥いたトマトを横半分に切る作業は、一瞬で終了。

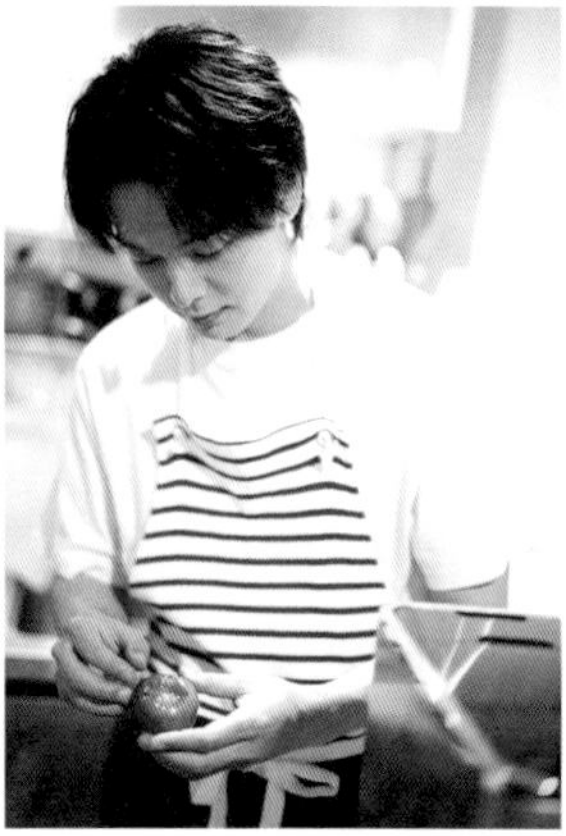

「こういうのは早いんだよ。なめてもらっちゃ困るんだよ」

先生が、種を取ると酸味がやわらぐのでスプーンの持ち手で取ります、とジェル状の種を小皿に取り出して見せる。

「トマトの種取るのも初めてだ」

種はちゅるっと食べちゃってくださいと促され「種を食べる役者です」と言いながら、飲み干す。

「甘ずっぱい。おいしい！」

先生の、これは作った人がもらえるお駄賃なんですという言葉を聞いて、スタッフに「種、ちゅるっとしたかったろう？　でも作ってないからダメだよ」と自慢する。

ミキサーにトマトを加え、水とエキストラバージンオリーブオイルを入れて攪拌。岩塩で味を調える。味見をして「ちょっとだけ塩を足したほうがいいかも」と調整してガスパチョは完成（この段階で筆者も味見させてもらう。絶妙な塩加減！）。容器に入れて、冷蔵庫で2～3時間冷やす。

ごはんは流水で洗ってしっかり水を切る。「ザルだけで水を切るのって限界がありますよね。いつも『まだ（水が）おるやん！』ってなる」と言ってキッチンペーパーでごはんを包み、優しく水気を取った。

「何としてもこう盛り付けたい」と器の真ん中にごはんを盛

って島を作り、あらかじめ冷やしてあったスープをその周りに注いでいく。「ここにバジルでも飾るのかな？」と言うと先生が、残念でした……とスペイン産の生ハムを冷蔵庫から取り出す。

「生ハムだ。本当はちぎって乗せたいけど、贅沢使いしちゃおう」と、長い状態のまま、ぺらりと乗せる、斬新な盛り付け。レモンはカクテルグラスに飾るように、皿の縁に乗せようとするも滑って断念。

器に注がれた薄いピンク色のスープを見て「きれいだねえ」と言った後「腹減った腹減った腹減った」と3回。実食前、まずはカメラ目線の決めカット撮影を。「ギャルのプリクラ」と言い、このポーズ（P42右下の写真参照）。

レモンを搾り「いい匂い。夏だなあ。〝指先を嗅ぐ中村〟」とつぶやいて「今日の一食目だ」とひと口。

「すごい。本当に匂いが夏。バカンスバカンス！　うまい……体にいいのがわかる味。あっにんにく。あんなに薄い1枚だけなのにいい仕事しているなあ。すごい、すごい絶妙な分量だ。全体的に味は濃くはないんですよ。だけどきゅうりの爽やかな香りとみずみずしさ、トマトの甘みもちゃんと感じるんだよ。これはどんだけ夏バテしても食える飯だね。おいひい（口に入れたまま）。つるつるいけちゃうよ？　ごはんを流水で洗ったから嫌な粘りもないし。冷製のスープに合うさらっとした白い粒になってる」

感想もつるつると出る。タイトルを聞くと、わざと目を泳がせたり顎に手を当てたりしながら、しばらく考え込む。

「私の頭の中には既に景色があるわけです。主に右脳にね、パーッと景色が浮かんでるんです。でもタイトルとして音にすることを考えるとね……いや、シンプルにしよう」

そしてひと息で「『あの波に消えた、ビーチボールは。』」と言った。

「青と白と赤と黄色に、縦方向に色が分かれているビーチボールね。夕方、もう帰るよって時にビーチボールを探すんだけど、満ち潮と、風と共に運ばれちゃったんだね……」

夏の夕方の切なさが漂う、抒情的なタイトル。

「なんていうか、いやらしくない味なんですよ。混雑している浜辺じゃなくて、知る人ぞ知る入り江の感じというか。そこで少人数で楽しく過ごした後に、沈んでいく夕日を見ながら『ビーチボールどっか行っちゃったね』って」

今回も独特の例えだが、味見をした身としては、中村の正確な表現に大いに頷いてしまう。

今回は、中村が希望していた冷製の雑炊でもある。

「夏は冷製が食べたくなるよね。季節に合った食材で、季節に合った食べ方がしたいんですよ。夏野菜とか旬のものって、その季節に必要な栄養素ですよね。そういう意味でも、今日の雑炊は嬉しかった」

夏はそうめんをよく作るという。

「書かれている茹で時間より15秒くらい短く茹でる。あいつら（そうめん）なんだかんだで茹で上がってるからね。ぶっかけも好き。具は納豆と食べるラー油とねぎと天かす、とか。この前は茹でて冷やした豚バラとトマトを乗せて、ごまと海苔をかけてサラサラっと食べた」

今回、雑炊展開的にはいかがでしたか？と聞いてみる。

「おもしろかったです。合格です……偉そう！」と笑うと、少し離れたところにいた先生の、合格ですか？と笑う声が聞こえる。

「地中海に旅をさせてもらいました」

中村さんお手製

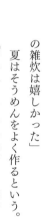

Short Essay
「プリクラと僕」 文：中村倫也

あれは確か1997年の夏だったと思う。地元の駅ビルのゲームコーナー内に突如設置された、カーテンの付いた見慣れない白い機械。けたたましい音楽と共に「フレエムヲエランデネ」と、謎の言葉を延々と繰り返している。多くの子供たちが怖がり道を避けるこの未知の物体に、小学生だった私はどうにも興味を惹かれ、お小遣いを握りしめ、親の目を盗み、単身乗り込んだ。

機械に言われるがままフレエムを選び、ボタンを押す。3、2、1のカウントダウン。噴き出す汗。親にバレたんじゃないかと早くなる鼓動。永遠にも感じられる時間が経った頃、ぽとりと何かが落ちてきた。4×4のマス目にびっしりと並ぶ真顔の自分。おいなんだこれ。

こうして私のプリクラデビューは“ぼっち写真のシール化”という形で果たされた。どこに貼れってんだ。ちなみに親にもしっかりバレていて、ニヤニヤされ、なおさら辱めを受けた気分になった。俳優になった今でも、写真撮影はなんだか苦手だ。

先生のお手本

第7回

『理想の老後〜結婚40年、母さん今日は僕が作るよ〜』

（2022年10月号雑誌掲載）

材料（1人分）

- ごはん … 1膳分（150g）
- 水 … 700mℓ
- 煮干し … 4尾（大きめのもの）
- A
  - しょうゆ … 小さじ1と1/2
    ＊今回は九州の甘いしょうゆを使用。
  - 酒 … 小さじ1/2
  - 塩 … 少々
- れんこん … 1/2節（約130g）
- 酢 … 適量
- 鶏むね肉 … 70g
- 万能ねぎ … 1本
- 塩 … 小さじ1/8
- しょうが汁 … 小さじ1
- 卵の黄身 … 1個分

作り方

1 鍋に水、頭とはらわたを取った煮干しを入れ、弱火で10分ほど煮出す。だしが出てきたらAを加えて調味する。

2 れんこんは酢水につけ、しばらくしたら取り出して皮ごとすりおろす。手でぎゅっと絞って、汁と分けておく。鶏むね肉は包丁で細かく切る。万能ねぎは1cm幅に切る。

3 ボウルにすりおろしたれんこん、鶏むね肉、塩を入れ、混ぜ合わせる。

4 1にごはんを入れて軽くほぐす。

5 3を手で丸めて4に落とし（十五夜にちなんで15個）、団子が崩れないようにとろ火で火が通るまで煮る。

6 分けておいたれんこん汁、しょうが汁を加えて再び沸騰したら、万能ねぎを散らす。器に盛り、卵の黄身を落とす。

「十五夜なので15個のお団子にします」

「小学校低学年くらいの時に、奥多摩のほうに家族で釣りに行って。養殖のヤマメが放流されていたんですよね」

調理開始後すぐ、煮干しの頭とはらわたを取るようタカハシユキ先生（以下、先生）の指示を受けたところで、中村倫也の家族との記憶が呼び覚まされる。

「内臓をブルルッと取り出して、口からしっぽに向かって串を刺して、塩をバーッとかけて焼いた。おいしかった記憶と、小骨が邪魔だった記憶がある。『目玉も食え！』（低い声で）って言われたけど怖くて食べられなかった。親父の運転するカローラで、ドリカム（DREAMS COME TRUE）の歌『晴れたらいいね』を聴きながら行ったなあ。あとカーラジオから佐野元春さんの『SOMEDAY』が流れてたのを覚えてる」

本書の取材では、料理中に、こうして幼少期の思い出を詳細に語ることがよくある。

「2年間エッセイを書いてきたのもあるんじゃないですかね。思い出す癖がついたんだと思う」

頭とはらわたを取った煮干しは水に入れて、煮出していく。

今回の雑炊は9月（旧暦8月15日）の「十五夜」にちなんだもの。先生いわく「れんこんと鶏肉の団子を月見団子に見立てた」雑炊。酢水につけておいたれんこんを、シャクシャクといい音をさせて中村が皮ごとすりおろす。ぎゅっと絞ったら汁も取っておく。れんこんは、乾燥する季節に肺を潤してくれるんですよ、と先生。

鶏むね肉は、包丁で刻んでミンチにし、塩とすりおろしたれんこんを入れて混ぜる。れんこんに水分がほとんど残っていないのを見て「ぎゅんぎゅんに絞り過ぎたかも」と不安そうだったが、ちょうどいい軟らかさにタネが出来上がった。

十五夜なので15個のお団子にします、と先生が言うと「かわいいこと言いましたね。でもこの量で15個だとちっちゃめですよね」。

ちっちゃめでまん丸くしてくださいと言う先生に「ハードル上げてきてませんか？」と笑いつつ、右手でタネをつかむと、人差し指と親指で作った輪から適量をにゅっとしぼり出し、左手で次々とバットの上に並べていく。それを見た先生と編集・村井が「早い……」とつぶやく。「二人で何かたくらんでるだろう！」とすかさずつっこむ中村。村井と先生は「お団子作りに20分くらいかかると思ってました」「でもまだ

丸くないですし」とささやき合っている。

「結託して俺を辱めようとしているな？」

手を止めることなく全てのタネを3×5列＝15個にいったん並べ終えると、指の間についていたタネを小さめのものに足して、大きさを揃えていく。「これ（指からのタネ）が入った団子を食べるヤツがいるのか……」。ここで手を洗い、今度は並べたタネを1つずつ（後から「手裏剣みたいにシュシュシュ！」というイメージだったと判明）丸めていく。まん丸できれいなお団子が15個、ほんの数分で揃った。

「団子で手間取ると思ったんだろう？」と誇らしげに言うと、村井が「何でもできる中村さんが、弱っている姿もお届けしたく」と本音をこぼす。この攻防はしばらく続きそうだ。

煮干しからだしが出てきたら、酒、塩、しょうゆ（今回は九州の甘めのもの）で調味し、ごはんを投入。煮干しも具として食べると聞いて「食べられるの？　やった」と喜ぶ。

団子は崩れないように優しく入れてください、と言われるとドリカムの『やさしいキスをして』を口ずさみながら、優しく鍋に入れる。

「ほら、ちゃんと手でコロコロしたから崩れない。こないだ（第4回参照）はスプーンですくって入れたからホロホロ崩れそうだったもんね。あ、軟らかいものをつかむ時は、お尻に力を入れるとうまくいくらしいよ。お鍋の豆腐を取る時とか」

団子に火が通ったら、しょうがの絞り汁を入れる。ここでれんこんの絞り汁の出番。白く沈殿しているでんぷんを混ぜて鍋に入れ、水溶き片栗粉の要領でとろみをつける。

「これだとダマにならなくていいね。れんこんすごいなあ」

万能ねぎを散らしたら、あとはよそって月のように黄身を乗せれば完成です、と先生が言うと「白身も使うの？」と白身のゆくえを気にする。使わないとわかると「じゃあこれは村井さん、ちゅるっとどうぞ」と第6回でトマトの種を飲んだ時に聞いたセリフを言いながら「さあ、さあ」と仕返しのように勧め、いりませんと押し戻されている。白身の調理法を先生に聞くと「たこを薄く切って混ぜて焼くと、たこのだしが出ておいしいですよ」と卵焼きのレシピを教えてくれた。

鍋から器によそうと煮干しの香りが一気に広がる。「あーいい匂い」と言う中村の声を追いかけるように、あちこちから「いい匂い」と声が上がる。煮干しのだしを使うのは初めて。この強い香りとれんこんが合うんです、と先生。

「まずは汁から」とひと口。「こんなにとろっとろになるの？れんこん汁すごいな。うん、うん。煮干しもうまいなあ。団子に入っているすりおろしたれんこんの食感もいい。ただガンガンに食っちゃう。このだしは、ひたすらに優しいね。理想だな。もうタイトル決まったもん」

では、お願いします。

「副題をつけてもいいですか？　タイトルは『理想の老後』。副題が『結婚40年、母さん今日は僕が作るよ』。決まったな。副題の前後に波線をシュッと入れておいてください」

夫が妻にそう語りかけている状況だろうか。

「そうです。穏やかな老夫婦が並ぶ背中がパッと浮かんだ。その向こうにお月様が昇っている。いろいろなことがあっただろうけれど、今、仲良くお月見をするような、二人の優しい時間が流れている……そんな時間の味がしましたね」

ここで、中村のマネージャー・K氏が、結婚40年ていうことは何歳？とぽつりと言う。

「そりゃ人によって違うでしょうよ。Kさんは結婚40年で何歳になるの？　（答えを聞いて）じゃあそれでいいでしょうよ」と笑いながら、「この二人が何歳か僕は知らない。『今日は僕が作るよ』というのが特別な会話なのか、いつもの会話なのかも、わからない」と続ける。「ただ物語と景色が、舌

の上に浮かぶんですよ。それを言葉にしてるだけなんだ僕は」

前回は「右脳」に、今回は舌に、景色が浮かんだようだ。

この「理想」は中村にとっての理想なのだろうか。

「そうなんだろうね。……いや、わからない。僕はインスピレーションを言葉にしただけだから。そこに僕の思いとか考えは介在しないんだよ」

文豪口調で続ける。

「今回のタイトルはポンと浮かんだ。前回も景色はすぐ浮かんだけど、素敵な感じにしたくて考え過ぎちゃった。考えないで出たもののほうが正しかったりするよね。（スタッフに向かって）君たちも考え過ぎちゃダメだよ？ 考える時間があるなら、舌の上で転がせばいい。

舌が教えてくれるんだから」

ふざけているようで、創作の本質に触れるような話でもある。本当にそうかもしれません、と思わず言うと「いやいや。これで信じ込ませられるんだとしたら、俺は相当な演技派だな」と笑った。

中村さんお手製

Short Essay
「ア」 文：中村倫也

伸びた爪を見て、忙しさを実感する。

賞味期限の切れた納豆を手に取り、月が変わったことに気付く。

裏返った蝉を避けることで、季節の移り変わりを知る。

撮り終えた台本を棚に仕舞うことで、束の間の充足を得る。

自分の指先も冷蔵庫の中身も把握できないまま、見渡す限りだった夏が今年も終わろうとしている。手元にある一瞬一瞬の記憶は糧となり、一時間の物語は紡がれた。それが誰かの一生の思い出になったりするから、この仕事は面白い。

第8回

『根菜は、川の流れに逆らう夢を見た（秋の思い出）』

（2022年11月号雑誌掲載）

材料（1人分）

- ごはん … 1膳分（150g）
- 煮干し … 5尾
- 塩鮭（甘口）… 1切れ（約70g）
- さつまいも … 60g
- ごぼう … 5cm
- にんじん … 2mm厚の薄切り1～2枚
- 水 … 600mℓ
- もずく … 30g
- A
  - しょうゆ … 小さじ1/2
  - みそ … 小さじ2～大さじ1
    ＊使うみその塩味によって調整。
- おろししょうが… 小さじ1/2

作り方

1　煮干しは頭とはらわたを取る。塩鮭は魚焼きグリルなどで焼く。さつまいもは1cm角に切り水にさらす。ごぼうはたわしで皮の汚れをこそげるようにこすり洗いし、3mm幅に切る。にんじんは型抜きする。

2　鍋に水と煮干し、水気を切ったさつまいも、ごぼう、にんじんを入れて中火にかける。沸騰したらアクをすくい、だしの旨味が出るまで煮る。

3　2を煮ている間に、もずくは流水で洗い、ざく切りにする。

4　2の野菜に火が通ってきたら、ごはんと塩鮭をほぐし入れ、Aで調味する（みそは溶きながら入れる）。火を止める寸前にもずくを加え、ひと煮立ちしたら火を止める。

5　器に盛り、おろししょうがを天盛りする。

※「ただの俺」シリーズのため、上記のレシピと本文の料理内容、工程は異なります。

秋ですね！　免疫力あがりそう

洗っておいた「もずく」の山から少量を小皿に取り分け、シンク下からお酢の瓶を取り出して、さっとかける。そこにおろししょうがを少々。「一品できたよ」と（雑炊ではなく）もずく酢が完成。あまりの早業に驚いていると「食材に火が通るのを待ってる間、暇だからね」。少し食べて「しょうゆかけたい」と、しょうゆとみりんをかけ、塩もパラリ。「あ、断然うまくなった。冷やしたかったな」

過去の回のように、タカハシユキ先生（以下、先生）の〝指導の下〟ではなく、今回は中村倫也がレシピを見て〝ひとりで〟作る――その中で起きた突然のツマミ作り。

撮影開始前、企画のプチリニューアルを試したいため今回はお一人で自由に作っていただきます、と編集・村井に告げられると「材料が無駄になるよ？」などと軽く抗議するが、レシピをざっと読んだ後は、自然に体が動く。レシピの最初には「煮干しははらわたと頭を取る」とあるが、中村は最初に鍋を手に取り、水を注いだ。料理慣れしている人の動き。

塩鮭を魚焼きグリルに入れると「途中で返したほうがいいですか？」「最後はほぐして入れますよね？」「あ、塩を振ったほうが？」と先生に確認。

さつまいもはたわしで洗い、特に量らず、ざくざくと切って鍋へ。後から「水にさらす」工程を飛ばしていたことに気付くも「まあいいや、火を通せば食える」。

にんじんの型抜きには、用意されていたほぼ全種類の型を使う。「こんなにたくさん種類があるんだもん。使うよね」「夢中になると鮭が焦げるな」とここでグリルを確認。その後も全部で5、6回は鮭の焼き加減を確認。「焦げ切っちゃうと元には戻せないからね。初めて使うグリルだし」

泥付きのごぼうは「土もそんなに落とさない」とざっと洗って切る。

「しょうが、好き」と5、6㎝角程の大きなかたまりをほぼ全部使用。7割ほどをすりおろし、残りは「食感が好きだから」と、レシピにはない、大きめの刻みしょうがに。

野菜クズなどのゴミが出たらその場でどんどんゴミ箱に捨て、まな板や包丁は必要があればさっと洗って元の位置にセットし、作業途中でも鍋、グリルの中を適宜確認する。

「大丈夫？　今まで料理中にしてた小粋なトークができなくなったけど」と気遣いを見せるが、一連の動きが、中村倫也

がキッチンにいる日常を物語っている。それが最も顕著に表れたのが冒頭のもずく酢作りだった。

鍋で根菜類を煮ている間に、もずく酢と共に合わせ調味料も準備。「ごはんは1膳分か」と言いつつ、おひつからどん、どん、とたっぷり鍋の中へ（後にスタッフ分も作ってくれていたと判明）。

鮭は「最強の焼き加減だよ」。手で骨を取ろうと鮭に触ると「熱い熱い、熱い！　ヤダ！」と本書内で最大の声が出た。「熱いのヤなのよ」と言いながら包丁で刻み、鍋へ。

合わせ調味料の入った小皿を直接鍋に入れてだしをすくうと、菜箸でみそを溶いて鍋に戻した。味見はお玉で。「ちょっと塩、足したいよ？」と塩をパラパラ。「塩昆布入れてもおいしそう」とつぶやくと、あります！と先生。先生が塩昆布を出している間に、使い終わったまな板や器具を洗う。何種類か出された塩昆布の香りをかいで、2種類を小皿の上で交ぜた。

いくつか用意してあった器から特に選ぶでもなく1つ取り、1人前をよそう。「残りは皆で食べてね」。しょうが、塩昆布、レシピ外のいくらを「絶対乗せるでしょ」とたっぷり。「はい、できた」とカメラに見せると、スタッフから拍手が起こった。

「いただきまーす。まず鮭ね。うん、やっぱり焼き加減最強」。さつまいもを食べて「甘！　大丈夫、全部火は通ってる」と納得したような表情を浮かべ「秋ですねーうまい。しょうががいい。さつまいもの甘みと鮭の香ばしさとしょっぱさと、にんじんとかごぼうのちょっとした泥臭さがあるところに、サンッてしょうがの辛味が来る。何か免疫力上がりそうだし」。

試食を終えた先生が「おいもの火の入り加減もちょうど良いし、塩加減も塩昆布といくらのトッピングでちょうど良いです」と言うのを聞いて「私のセンスです」と嬉しそう。

全て一人で作った感想を聞くと、大変でも楽しいでもなく『ただの俺』でした」。

「いつものノリで料理する俺がそこにいるだけだから」と言い、わははと豪快に笑った。こちらとしてはそれがおもしろかったのですが、と言うと「俺はこの企画を通して、プロの正しい料理を学んでいる面もあったわけなのですよ」。

これまでもあまりにもスマートにこなしていたため〝中村倫也が料理を学ぶ〟という視点が抜け落ちていました、と言うと「そうなの？『ああ、こうやってやるんだ。おもしろいね』とか俺ちょいちょい言ってたよ」とさらに言われて、確かに！と膝を打つ。あれは中村の学びの言葉だったのだ。

「でも、とりあえずやってみるっていうのは大事だよね」とフォローしてくれる。

「あとあれだね、一人で作ったことによる弊害で、タイトルが浮かばない……」とぽつり。

「いつもは、ポンと浮かぶの。〝受け手〟だったから。雑炊を食べて『あ、あれがこうなって、この味になるんだ、すごい』っていうリアクションとして、タイトルが浮かぶ。大喜利的につけられたんですよ。でも今回はずっと、どう味を調整するか考えながら作ってたから、驚きがない。だからリアクションできない。ただの『俺が雑に作った、おいしいメシ』って感じ」

驚きと共に頭に浮かんだ情景からタイトルをつける、というあの手法は使えない。

「何かと引き換えに何かを失うんですよ。ほんとに何も浮かばないからな……」と悩み始める。編集・村井が「何か秋の思い出とか……」とつぶやくが「『根菜は、川の流れに逆らう夢を見た』にします」とタイトル決定。「そんな小説あったよね？」。ＳＦ小説『アンドロイドは電気羊の夢を見る

か？』を思わせるタイトル。

「産卵しに行く鮭と、根菜たちのことですね。あ、後ろに（秋の思い出）ってつけます。ダサいな」と笑い「作為的にタイトルを考えると、こういう結果になる。エッセイも書けるかな……」。はたして執筆してもらえるのだろうか、と不安に思っていると「お試しに2回このやり方でやりたい、って言ってたよね。いいと思うよ」とまたもフォロー。ひとまず続行が決定。次回も、「ただの俺」をお届けする。

◎「ただの俺」シリーズとは？――雑誌連載時、毎回手際よく中村が雑炊を作っていたことから、誌面に変化を出すべく編集・村井と先生で立案した企画（村井いわく「ちょっと中村さんを困らせたくもあった（笑）」）。撮影当日、先生考案のレシピと簡単な作業工程が書かれた紙1枚を中村に渡し、先生の指導なく料理してもらうという内容で、好きにアレンジできるようレシピ外の材料も用意していた。回を重ねるにつれて中村の自由度が増す様に注目を。

＊Contents の★の回（緑色の地のページ）が〝「ただの俺」シリーズ〟です。

中村さんお手製

Short Essay
「贅沢なくらし」 文：中村倫也

いくらをこんなに食べられるなんて贅沢だ。海のものも土の中のものも両方いっぺんに摂れるなんて贅沢だ。「ちょっとあれ足したいな」と思った時にスッと差し出されるなんて贅沢だ。そして、ああだこうだと喋り合いながらテーブルを囲めることも、やっぱり贅沢だ。

モノの価値は、それぞれで決める。

こんなふうに「贅沢だ」と感じられる瞬間がある暮らしが、私にとって何よりの“贅沢”だ。

第9回

『おいしい赤球（秋の思い出）』

（2022年12月号雑誌掲載）

材料（1人分）

- ごはん … 1膳分（150g）
- 万能ねぎ … 1本
- にら … 2本
- 中華スープ … 400mℓ
- 塩 … 少々　◦しょうゆ … 小さじ1/2
- 牡蠣のオイル煮（缶詰）… 1缶（60g）
- A
  - 長ねぎ … 3㎝（みじん切り）
  - コチュジャン … 小さじ1
  - 粉唐辛子 … 小さじ1
    ＊お好みの分量。
  - しょうゆ … 小さじ1/4
  - おろしにんにく … 少々
- 白いりごま … 少々
- ごま油 … 数滴
- 韓国海苔 … 1枚

作り方

1 万能ねぎは小口切りに、にらは4㎝幅に切る。
2 鍋に中華スープを沸かし、塩、しょうゆで調味して、ごはんを入れ軽くほぐす。
3 ごはんを煮ている間に、ボウルに牡蠣のオイル煮を汁ごと入れる。Aの材料を加えて混ぜ合わせておく。
4 **2**ににら、白いりごま、ごま油を加えて火を止める。
5 **4**を器に盛り、**3**の牡蠣のオイル煮をタレごと乗せて、万能ねぎ、手でちぎった韓国海苔を散らす。

※「ただの俺」シリーズのため、上記のレシピと本文の料理内容、工程は異なります。

量らない、辛いのが好きなので

中村倫也が、レシピと食材をじっと見比べている。レシピにはない調味料を手に取りつつ「でも自分の味付けをしちゃうと、タイトルが考えられなくなるからなあ」とぽつり。

タカハシユキ先生（以下、先生）の指示や助けなしで、レシピを見て一人で作る「ただの俺」シリーズの2回目。その目からは、前回にも増して真剣さが感じとれる。

まずは合わせ調味料づくり。レシピに〈小さじ1＊お好みの分量〉と書かれた粉唐辛子は「量らない。辛いのが好きなので」とどっさり（大さじ1は超えている）器へ。「やべえ色になるぜ……おめえら覚悟しとけよ」と誰にともなく宣言（この間、何度かレシピ外の松の実をつまむ）。

長ねぎをあっという間にみじん切りにし、コチュジャン、粉唐辛子、しょうゆの入った器へ。「先生、俺ちょっとみそ入れたいです」とみそを少々加え、ぐりぐりと混ぜ合わせるが、「粉唐辛子の量がえぐくて、液体にならない」とみりんでのばす。「ほら、辛味球ができたよ」

レシピには〈少々〉とあったにんにくは、大きなかけら1つを取ると、8割ほどをすりおろし、残りはみじん切りに。「うえー味濃いぞーこれ」と言いながら、辛味球とにんにくを混ぜ、真っ赤な合わせ調味料が完成。マスク越しに伝わるにんにくの香りにスタッフがざわつくと「俺は明日休みだからいいんだ。この匂いは絶対うまい」と嬉しそうだ。

鍋に中華スープを投入したところで、あらためてレシピを確認すると、「もう1つ鍋を使っていいですか？」とスープの入った鍋とは別の小鍋にお湯を沸かし始めた。

メイン食材の牡蠣のオイル煮は油ごと2缶（レシピの倍量）ボウルへ。「このスモークされた匂いがいいよね」と言いつつにんにく入りの辛味球と和えた。

中華スープが沸いたところで塩、しょうゆで調味。ここで小鍋の湯に、レシピ外の小松菜の葉の部分を入れて茹で始めた。中華スープにごはん、小松菜の茎を入れ、やはりレシピ外の油揚げを刻んで入れ、茹で上がった葉も小鍋から移した。最後ににらを投入。第8回よりもさらに黙々と（でもニコニコと）手を動かす。白いりごまと、ごま油を加えて、火を止めた。

器に鍋の中身をよそうと、牡蠣を乗せ、万能ねぎ、韓国海苔をぱらり。「はい！」という誇らしげな声と共に、色鮮や

かな雑炊が完成。

頷きながら食べ進め「にんにくいっぱい入れたの、やっぱいいわ」。辛過ぎませんか?と聞くと、ほおばったまま「ぜんぜん! おいひい!」。

試食した先生が、にらが油でコーティングされていて、すごくおいしい! 小松菜も、油揚げも大正解ですね、と感心している。

「小松菜、好きなんですよ。にらの他にもう〝ワンみどり〟(1緑)欲しくて。栄養もあるしね。油揚げは、完成図を想像した時に黄色が欲しいなと思って。小松菜の葉は長く火にかけると、どろどろになって雑炊の汁が緑になっちゃうから鍋を分けた。にらを、火を止めるギリのタイミングで入れたのも同じ理由」

なすやピータン、キムチなど、他にもレシピ外の食材を選んだり戻したりしていたが……。

「牡蠣のメイン感が減るかなと思って、入れるのをやめた。キムチは酸味も出るから、辛味球のコクのある辛味がぼやけるかなと」

味はもちろん、色、食感、栄養素まで完成後を見越して頭をフル回転させている。レシピがあっても、最初から最後まで一人で手を動かすとなれば、クリエイティビティを発揮せざるを得なくなるのだ。前回、先生の指導の下行うのは「リアクション」だったと中村が言っていた意味が、あらためてよくわかる。

「そうそう。受動だったのが能動になったんだよ」

「食べて〜」とスタッフにすすめつつ、「あーうまい」と最後までおいしそうに食べ切った。「体あったまるし、いいね、この季節に」

スタッフ一同も試食。ひと口目から、ガツンとおいしい。粉唐辛子もにんにくもきつ過ぎることなく、全て良い塩梅。スタッフ分多めに作ることも考えての大量投入だったのだ。

「自分が食べるだけならもっと辛くしてたと思うけどね」

ここで少し雑談。11月、冬の始まりに食べたいものはある?

「あるある。今日並んだ食材を見て、自分が作るスンドゥブチゲとほぼ一緒だと思った。豆腐もあったし。あとは豚バラがあればできる。ねぎとにんにくとしょうがを刻んだのをごま油で炒めて、そこに豚バラ入れて、コチュジャン入れて、水を入れて、キャベツ、キムチ、豆腐、牡蠣とか入れて。粉唐辛子、みそを溶いて、にらを上に乗っけて、蓋してちょっと寝かせる。それが、俺がよく作るスンドゥブチゲ」

牡蠣のオイル煮を使ったパスタもよく作るといい、「缶詰の牡蠣、ちょっと高いんだけどね。オイルサーディンも入れる。シャキシャキ感が欲しいから、白髪ねぎを上に乗せる」。間違いなくおいしいヤツですね、と先生も太鼓判。

「あとなすを入れたりね。にんにくと鷹の爪とオリーブオイルを熱して、なすに油を吸わせたら、缶詰の牡蠣とオイルサーディンの香りのいいオイルも入れて油分を補給して、茹でたパスタを入れる」

続けて2つのレシピを流れるように語り切った。いつにも増して、料理の話がスルスルと出る。能動的に料理をしたことで、ウォーミングアップができていたのだろうか。

「確かにね。いやあ、今まで楽させてもらってたんだよね」

タイトルはどうしましょうか、と問うと、すぐに「『おいしい赤球（秋の思い出）』」と答える。

「球は球技のほうの球です」と言ってから「ははは、バカだな」と自分でつっこむ。11月ですが〝秋〟で良いですか?と追ってたずねると「いいんです。私の心に秋があれば」と文豪口調が出る。

「ほらね……前回も言ったけど、受け身じゃないとダメなの

よ。こういうくだらないことやり出すから」

だが「受け身じゃない」ことで、我々はスイッチが入った中村倫也を見ることができた、とも言える。

「スイッチを入れないためにやってる、癒やしのような仕事だったのにな。結局、楽はさせてくれないんだね。あ、でも別に大丈夫よ」

不満とフォローはいつもセットだ。

「次回からはね、私も傾向と対策を練ってきますよ。赤本を読んできますから」

中村さんお手製

Short Essay

「秋（初心者）」　文：中村倫也

前回と今回、２回続けて雑炊のサブタイトルに（秋の思い出）とつけたが、改めて考えてみると秋で思い出す出来事が私の人生にはひとつも無い。春なら出会いや別れ、夏ならレジャーや旅行、冬ならクリスマスや年末年始、何かしらの思い出がある。しかし、秋。「紅葉見に行きたいなー」と思っても、行ったことはない。「秋刀魚美味しいなー」と感じても、別に他の季節でも秋刀魚は美味い。もしかしたら秋は大人なのかもしれない。他の季節のような目立ったイベントは無いが、静かに且つ能動的に愉しみを見出せれば、かけがえのない思い出をつくれる、そんな大人な季節。素敵だ。そうと決まればまずは来年、初心者は何の仮装から始めたらいいだろうか!?

第10回

『朝のパレヱド』

（2023年1月号雑誌掲載）

材料（1人分）

- ごはん … 1膳分（150g）
- ブロッコリー … 2房
- フルーツパプリカ（赤）… 1個
- キャベツ … 2～4枚
- A
  - ベーコン … 1枚（細切り）
  - チーズ … 30g
  - ヨーグルト … 大さじ1
  - 塩、こしょう … 各少々
- トマトの水煮 … 400mℓ
- 水 … 200mℓ
- コンソメ（固形）… 1個
- ローリエ … 1枚
  ＊周囲に切り込みを入れておく。
- 塩、こしょう … 各少々
- 楊枝 … 数本

作り方

1 ブロッコリー、フルーツパプリカは食べやすい大きさに切る。

2 キャベツの葉は耐熱皿に乗せてラップをし、電子レンジ600Wで約1分30秒加熱する（丸められるぐらいの軟らかさにする）。

3 キャベツの葉の軸の硬い部分を三角に切り落とし、切り落とした部分は細かく刻んで、Aと共にごはんと混ぜ合わせる。

4 キャベツの葉を1～2枚広げて、**3**のごはんを乗せて包む。端を楊枝で止める。同じようにもう一つ作る。

5 鍋に**4**のロールキャベツとトマトの水煮、水、コンソメ、ローリエを加えて中火にかける。沸騰したらアクをすくい、蓋をして弱火で約10分煮る。

6 **1**の野菜を加え、さらに2～3分煮て塩、こしょうで味を調える。

キャベツの中に米を入れるんだ

「今日は『皆優しくして』って気持ちで来てるから」

雑談中、中村倫也が珍しく力のない声で言う。前日まで舞台の稽古が続いたため「声も出てないでしょう」。明らかに体力が落ちている。プチリニューアルを経て「さらに変化させておもしろいページを作りたいです」と編集・村井が熱く語るのを聞くと「うん……でも今日は、変化だとか言わないでほしい」とつぶやく。「楽しいんだよ？　ただ、すごく疲れてて……ごめんね」。スタッフ一同心配になるが、料理には集中し続けているのがさすがだ。

中村倫也が一人で作る「ただの俺」シリーズはいったんお休み。今回は、タカハシユキ先生（以下、先生）に手も口もしっかりと出してもらいつつ、手間のかかるレシピに取り組む。

「ロールキャベツ雑炊」だと聞き「キャベツの中に米を入れるんだ」と驚いている。中村が「切るのは初」だというフルーツパプリカは、「縦に一回切って、手で種を取って、乱切りにします」と先生。中村が切ったのを見て「もう少し小さく、ですね」と先生の指導が。

ブロッコリーも小さめに切り、メイン食材のキャベツへ。「外葉の芯の周りに包丁を入れます。包丁は曲げると折れちゃうので真っ直ぐ入れてください。ポンと芯が外れます」。きれいに外れた芯を見て「クリスマスのオーナメントみたい」。「お尻のほうから一枚ずつ剥いていきます」と聞くと「こっち側から剥がすんだ」とまたも驚く。「なるべく破らないでください」と言われるも葉がパリパリのため破れてしまう。黙々と剥くうち「ホットケーキを返す時みたいにちょっとずつ下に空気を入れる感じ」とコツをつかんだ。4枚ほど剥いたら、ラップをしてレンジで1分半。加熱したキャベツの葉の「軸の硬い部分を三角に切り取ります」。「へえ、そんなふうに切るんだ」。切り取った部分は刻み、他の具材と共にごはんに混ぜる。キャベツは2枚ずつ「破れたところをカバーするように」平たく重ねる。どう重ねるか慎重に見極めようとする中村。「和紙職人みたいな動きだな。昔、取材したことがあるんです」

ごはんを丸めてキャベツで巻く。中村が手早く巻き終えたものに先生がそっと手を伸ばした。「最後、もう少しこうギュッと締めるといいかもしれないです。そうすると横長にな

らない」。「こんなギュンギュンに？」としっかり巻き直してＯＫが出る。と、中村がごはんの入っていたボウルをシンクに置いて水を張った。「ふやかしておかないと」。先生の指示に従いつつ自らも動く。凝ったメニューだがスイスイ進む。「手際マンだから、俺。あと今日は撮れ高が考えられないんだよ」と笑っている。先生の手が出るくらい教えてもらった感想を聞くと「ふふふ、ラク」。

キャベツを楊枝で止めたら鍋にトマトの水煮と水と共に入れ、コンソメは崩して加える。「硬い、このコンソメ。我が家のはもっとやわいよ」。ここで先生から裏技。「ローリエの葉っぱに、香りが出やすいようにハサミでちょんちょんと切り込みを一周入れます」。これも中村には初めて。沸騰したらアクをすくい、蓋をして10分煮込む。

煮込んでいる間に雑談を。中村家のクリスマスは？

「何かする習慣はなかった。サンタを信じたこともないなあ。子供の頃からそうだから、今こんなにドライなんだよ。でも12月24日は俺の誕生日だから、ねぎトロ丼が出たな。好物なので。そんな感じだったから、初めて彼女ができた時とか『どういうテンションで何をどうしたらいいんだ？ 物語の中のことだと思ってたのに』って苦労しましたね。今も俺自身が盛り上がることはないけど、子供が『もうすぐクリスマスだね』って楽しみにするとか、イベントごとでテンションが上げられるのは幸せなことだなと思う」

10分経ったら残りの野菜を入れ、さらに煮て、塩、こしょうで味を調整する。「そろそろですね」と先生の指示で火を止め、「オープン」と蓋を取った。「うわ、ローリエの香りがすごい」。ロールキャベツ2個で1人分だと聞いて「すごいボリュームだ」とつぶやき、盛り付け。「ここでいつも先生の指導が入るんだよね」。先生が菜箸を手に取り「ちょっとこのあたりを見せたほうがいいかな？」とパプリカとブロッコリーの位置を調整。クリスマスカラーが映える。「ジトッとした目で、先生の手元を見てますよ」。たっぷりこしょうを振り完成。

ナイフとフォークで優雅に実食。食べてすぐ、ハッハッハと笑う。「雑炊の枠を超えてきた。こういうのを待ってたんですよ。これを雑炊と言い切る胆力！」

「当然おいしい。チーズが米をコーティングしてるから、他の食材と馴染んでる。ちょっとにんにく入れてもおいしそう。キャベツはほどよくシャキシャキ感がある。自分でロールキャベツを作った時はもっとクタクタだったな。あ、キャベツの硬いところを米に混ぜたからシャキシャキしてるってのもあるね」

朝ごはんがまだだったと言い「ああうまかった。幸せな朝飯だね」。

２０２２年の本企画の撮影はこれが最後。いい年でしたか？

「いい年でした。毎年いいよ。一生懸命働いて、たまにこうやって料理もして。今年はフィジカル面でしんどい作品が続いたかな。客として観る時にもそういうのが好きだから、しんどい作品に出ちゃうんだと思う。年々、一つ仕事が終わると『ああ終わった！』って思えて、引きずったりはしなくなった。なんでだろう、一生懸命やってるからかな？　それで失敗ならしょうがないと思えている。後悔する自分にむかつくタイプだから、そうならないようにしてきたんだと思う」

今日の中村からは、いつにも増してすっきりとした答えが返ってくる。

「今日はオブラートに包めない。いつもはエンターテイナーとして、もっと考えて話すんだけどね」

素で話す中村倫也が見られたところで、そろそろタイトルを。

「考えてなかった！　クリスマスなのに朝飯として食べちゃった。年内最後だし、ぐっと締まるタイトルがいいよね……『朝のパレヱド』でどう？　〝ヱ〟は旧字で」

　いろいろな食材がクリスマスの朝に行進しているイメージ？

「そうそう。ディナーにドン、もいいけど、朝からこれを作って食べたら贅沢な気持ちになるよ」

　夜はドンとチキンでも焼けば一日中クリスマスが楽しめますね、と言うと「いや、夜はねぎトロ丼」。それが中村家のクリスマスだ。

「うん。マグロも赤いしね」

中村さんお手製

Short Essay

「ならいごと」 文：中村倫也

そういえば、アイススケートを習いに行ったことがある。小学２年か３年の冬休み、母親と兄貴とその同級生何人かと電車を乗り継ぎ、今は閉園してしまった向ヶ丘遊園に通った。硬い氷の上を滑る感覚は新鮮で、どこまでスピードを出せるかと、怖がりながら競争した記憶がある。帰りには自販機でアイスキャンディを買ってもらい、指先だけ空いた手袋でその封を開け食べた。

その後の人生でスケートをしたことはない。つまり何の役にも立っていない習い事だ。

思い返すと我が母は、謎の習い事をさせるのが好きだったようだ。平成の時代だというのに数回通ったそろばん教室しかり、なんだかんだで２年通った、一からパソコンを組み立てる、というマニアックなパソコン教室しかり。しかし「そういえば……」でふとよみがえる思い出があることは、幸せなことだ。習い事のチョイスは下手でも、思い出を作るのは上手な人なのかもしれない。

ちょこっと「箸休め」的な企画を、
はさみこみ②

真似したい、"202"にあった素敵なもの。

【おいしいもの編】

●お茶とグラスマーカー

いつも大きなピッチャーにお茶を用意してくれているタカハシユキ先生（以下、先生）。【おいしいもの編】の取材日はイギリスのブランドの、レモンとジンジャーがベースのハーブティを。

「ハーブティはフランスに買い出しに行く時に、まとめ買い。日本で買うより安いんですよ」

どれが誰のカップかわかるように、ソーサーには各々が選んだ麻雀牌を模したグラスマーカーを置いて目印に。

●取材後のおやつ

取材後、残った少数のスタッフのために、おやつを出してくれることも。上段写真はフレッシュなシャインマスカット。

筆者のお気に入りは先生手作りの蕗のお菓子。生の蕗を砂糖で煮詰めて完全に水分を飛ばすと、蕗の苦みと香りが凝縮した、かりんとうのようにカリカリのお菓子に。

あまりの居心地の良さに雑談に花が咲くと、「コーヒーをいれますね」と先生がおいしいコーヒーをいれてくれ、さらに長居に……。

●手作りの保存食

キッチン周りのあちこちに、にんにくや玉ねぎなどの野菜、干したきのこ、そして先生手作りの保存食が。中村倫也が興味津々に覗き込むことも。

梅干しは「埼玉の河原に落ちてた梅を拾って漬けました。いい梅をわざわざ買って漬けるのは自分ぽくない気がして……あったから漬けとくか、ぐらいがいいなと」。

玄関脇の棚には2年ものの豆板醤。「そら豆に種麹菌

をつけて培養した」という。

　以前もらって帰ったというカメラマンいわく、そのままでお酒のつまみにも最高だそう。

●おいしいおみやげ

　豆板醤以外にも、先生お手製のおいしいものをスタッフに持たせてくれることがしばしば。編集・村井は、第10回（P62〜67）のロールキャベツ雑炊の撮影時に、キャベツとツナのコールスローをもらい、ハードな校了日をそのおいしさで乗り切ったという。

「すごく簡単なんですよ。キャベツをせん切りして塩をふって、水が出てきたらぎゅっと絞る。そこに油を切ったツナ缶と、あればみじん切りした玉ねぎを加え、オリーブオイル、レモン汁かお酢で和える。こしょうはお好みで」

　筆者が感激したのがチリコンカン。辛いだけではない複雑なスパイスの香りと、それに負けない豆の旨味で、食べ飽きることのないおいしさだった。

「チリコンカンに使うチリパウダーは〝GABAN〟のものがおすすめ。『刑事コロンボ』（アメリカのドラマシリーズ）が大好きなので、コロンボの好物のチリコンカンをよく作るようになりました（笑）」

●（＋α）カラフルなナプキン

「おいしいもの」を食べる時に使う、色鮮やかなペーパーナプキンは、一色ずつ売られていたものを全色買って先生が自分でミックスした。

「フランスの韓国料理屋さんで、無造作にいろんな色のペーパーナプキンが重なっているのを見て、きれいだなと思って真似しました」


　お茶同様、こちらもフランスで購入。どんなお店に買い出しに？

「パリ郊外に何店舗かあるんですが、閉店したお店の在庫をザッと集めたようなお店が好きで。ちょっと不思議でおもしろいものが安く売っているんですよ」

　安くておもしろいものを探して、おしゃれに使う。先生らしい、楽しみ方。

「高くていいものは、買える人が買えばいいと思うんです。でも私は、そういうものは〝出来上がっちゃってる〟ので、つまらないなあと思うんです」

＊「　」はフードコーディネーター・タカハシユキ先生のコメントです。

第11回 『秘蔵鍋』 （2023年2月号雑誌掲載）

材料（1人分）

- ごはん … 1膳分（150g）
- 具材
  - まぐろ（とろなど脂の乗ったもの。筋の多いめばちまぐろなどでも）… 柵で100gぐらい
  - 長ねぎ（白い部分）… 1本
  - 油揚げ … 1枚
  - 車麩 … 3個
  - 根セリ … 2茎
- ゆずの皮、生わさび … 各適宜
- 氷水
- 鍋汁
  - 和だし汁（かつお節、昆布）… 600mℓ
    ＊かつお節と干し椎茸の和だし汁もおすすめ。
  - 塩 … 小さじ1/4
  - 砂糖 … 小さじ1弱
  - 酒 … 大さじ1と1/2
  - みりん … 大さじ1
  - しょうゆ … 大さじ1
- 七味 … 適宜

作り方

1 まぐろは2cm厚ぐらいのひと口大に切る。長ねぎは3cm幅に切り、片面に切り込みを入れて、焼き網などで片面に焼き色をつける。油揚げはキッチンペーパーで押さえて余分な油を吸い取り、4等分に切る。車麩は水で戻す。根セリはさっとガス火に通し、5cm幅に切る。ゆずの皮と、生わさびを刻む。

2 鍋に1.2ℓの湯を沸かす。沸かしている間に、ボウルに氷水を用意する。鍋に入る大きさの竹籠に、まぐろを重ならないように並べる。バットにペーパータオルを敷いておく。

3 湯がしっかり沸騰したら水300mℓを入れて、80度ぐらいに下げる。

4 湯の中に竹籠ごとまぐろを入れる。表面が薄っすら白くなるまでさっと湯通しし、氷水に入れたら、すぐに取り出して、キッチンペーパーで水気を取る。

5 一人用の土鍋に鍋汁の材料を入れ沸かす。

6 鍋汁を沸かしている間に、具材を皿に盛り付ける。

7 卓上にカセットコンロ、土鍋、具材を盛った皿、ごはん、取り皿を用意する。

8 鍋汁が沸いたら、長ねぎ、油揚げ、車麩を入れる。根セリ、まぐろはさっと火を通し、好みの加減で（適度にまぐろの旨味が出たところで）ごはんをほぐし入れ、一緒にいただく。好みで、ゆずの皮、生わさび、七味で調味する。

まぐろが爽やかなんですよ

「ええとね。『秘蔵鍋』！」

おいしそうに食べ切った後、こうタイトルをつけてハハハと笑った。

「雑炊じゃなくて〝鍋〟って言っちゃってる」

確かにそうタイトルをつけたくなる雑炊。タカハシユキ先生（以下、先生）いわく「ねぎま雑炊鍋」。カセットコンロで具材を煮つつごはんを入れ、雑炊にする。

今回も先生のしっかりめの指導の下、調理開始。まず薬味のゆずとわさびの準備。ゆずの皮は、わたを削いでせん切りに。「全部じゃないですよね？」と言う中村倫也に「はい。横ではなく縦一列に剥くと、ちょうどいい量です。縦だと残った部分を最後まで使えるのもいいんですよ」と先生がいいアドバイスをくれる。中村がわたを削ぐ作業に苦戦していると、先生が、あらかじめ水と昆布を入れて火にかけていた鍋のアクを取るよう指示。アクをとって火を止めたらかつお節を入れ、放置。

生わさびはすりおろさず棒状に切る。「皮は？」「皮にも風味があるので、黒いところを落とすくらいで」。切りながら「いい匂い！」と、わさびの香りを堪能。

放置していただしは、さらし布を敷いたザルで濾し「かつお節はぎゅうっと押して、だしを全部出し切ってください」。まだ熱い状態で土鍋に取り分ける。「計量カップパンパンに入れるのを3回繰り返すと600㎖です」と指示を受けるも、中村は上限まで入れない。「パンパンだと、こぼれてやけどするかもしれないから……その分、後でちょい足しします」。刃物や熱いものには慎重だ。だしに調味料を入れたら再び火にかける。

次は具材の準備。車麩は水で戻し、油揚げはキッチンペーパーに油を吸わせたら4等分に。

根の付いたセリを「ガスコンロで焼きます」と言われて驚く中村。「火の上をぴゅーっと通す感じで。香りが立てばOKです」と先生。コンロの上を通し「香り、立った！　へぇえ」と驚いている。

メイン食材のまぐろは「慎重に……」と2㎝ほどの厚さに切り「肉みたい！」と叫ぶ。まぐろを竹籠に入れ、80度のお湯に「表面が薄っすら白くなるまで」数秒くぐらせ、氷水に取る。「臭み取りのためですか？」と中村。「はい。ちょっと

身を締める意味もあります」と聞くと「やっぱりこれだよ。こういうことを飛ばして適当にやると、鍋全体が臭くなったり、魚の身がボロボロになったりするんだよなあ」と感心している。

ここでだしを味見。「ごはんを入れる想定で」と先生に言われ、「そうか、雑炊だこれ」と我に返る中村。「ちょっと塩足します」と中村得意の塩味調整。

ねぎは白い部分を筒切りに。「味が染みるように片面に切り込みを」の指示を受け、サクサクサクと手慣れた調子で切る中村。網の上でしっかり焼く。「ねぎは立てて盛り付けますか？」と言われても「立てて……？」とイメージがわかない中村に、先生が並べて見せ「ムーミンのニョロニョロ感がありますね」と言うと、中村が「チンアナゴ感もありますね」と続ける。「チンアナゴ鍋ですね」と先生も笑う。

具材が揃い「今までで一番やることが細かかったな」とひと息つく。

テーブルに移動して、カセットコンロに鍋をセットし、具材を盛った皿、取り皿、ごはんも置く。中村が席に着くと、窓から入る光と相まって、旅館の食事風景のよう。「いつもと違う感じだね」

根セリとまぐろ以外は鍋に入れて煮始める。「ごはんを入れるのを忘れないでくださいね。鍋じゃないので」と先生が念押し。「締め雑炊だね？」と言う中村に「まぐろからだしが出たところで入れる、真ん中雑炊でもいいと思います」と先生。

まぐろは短い時間で引き上げ、ひと口。眉が上がって笑顔が出る。

「当たり前にうまいね……ほんと、1人で隠れ家的な宿に来てる感じ。皆、帰ってもらっていい？」

セリもさっと火を通して味わい、すっかり一人鍋を楽しんでいる。

「生わさびとゆずもいい。生わさびは辛味と同じくらいみずみずしさもある。すったわさびの刺激とは違う苦みと風味があって。ねぎとかクレソンの延長線上にある感じだね」

ごはんも入れて少し煮たら、さらりとしたきれいな雑炊に。

「うんうん。ごはんが入っているほうがうまいなあ」

先生も「いろんな食材から出た旨味をごはんが吸いますからね」と嬉しそう。

「まぐろが爽やかなんですよ。脂の甘みも感じるんだけど……生わさびとゆずだけじゃなくて、セリの効果なんですかね？」「そう思います。まぐろも〝ちょっと茹で〟と〝だいぶ茹で〟で全然味とか身離れも違ってくるので試してみてください」「〝だいぶ茹で〟を、鍋のこのへんで育てていたんです」

鍋を挟んで先生との会話が弾む。

「お、〝だいぶ茹で〟は赤身感が薄れて、あまーい白身魚みたい。ここに卵を溶いたのをさーっと流したら、合わないですかね？」「いいと思います。刻みねぎとか入れて」「いいですね。……ほら、こうやっていろいろ浮かぶでしょ？」

最後は取材陣へのひと言。中村が一人で作る「ただの俺」シリーズを経て明らかになった、この企画における「受け身」であることの重要性にまた言及した。

「それとは少し違う話で……プロの無駄のない動き、理にかなった洗練された形を教えてもらって『なるほどね』って思えるのも嬉しいんだよね」

確かに、まぐろを霜降りにするところでも嬉しそうだった。

「ここで知って、試して、成功して、次からはオートでできるようになる。それが学びだし、それが非常にやんごとないよね」とにやり。

「この前ミュージカルの稽古中に、ピアノとバイオリンとチ

エロの人たちが、楽譜を見て『じゃあ、ここでこうしようか』『いいですね』とパッと意思疎通を図っていたんですよ。ミュージシャン同士の、万国共通の言語があるんだなと思った。料理もそう。味の組み合わせとか化学反応のさせ方はきっと万国共通だから、イメージを共有できる。さっきの『卵を溶いても？』『じゃあ刻みねぎを』みたいな会話ができるのも、料理に共通言語があるからだよね」

俳優の仕事にも？

「あるある。舞台を作る上での、ここでこうしたらこうなるよね、みたいな動きとか構成は共通している。海外の演出家と仕事した時は、最終的に『倫也はわかってるから』って通訳も介さなくなった」

2023年・新年第1回なので、『THE やんごとなき雑談』では聞かれると困ると語っていた「新年の抱負」を聞いてみる。「現状維持」と、本の中と同じ答え。「現状」が良いから言えることでもある。

「うん。現状維持って、なかなか難しいことだと思うよ」

中村さんお手製

Short Essay

「shisei2023」 文：中村倫也

自分の姿勢というものが、わかってきた気がする。

例えば、こうしてエッセイを書く時など、自分の思考を順序立てて構築する場合は、椅子に座って背筋を伸ばすと捗る。他人の気持ちやこの世界のあれやこれやなど、漠然と形のないものに想いを巡らせる場合は、仰向けに寝っ転がって天井を見つめると捗る。セリフを覚える時は、ひとりごちながら歩き回って景色を流していくと捗る。人それぞれ、生きていく上での姿勢というものがあるのだろう。

それ以外の、私が普段家で過ごす時の姿勢は、腹を出しながらソファに横になり、片足を背もたれに上げもう片方をぶらぶらと床に投げ出し、左手をクッションのしたに潜らせ右手でスマホを持ちひたすらYouTubeを貪り時間を無駄にする、実家でやったら母親に怒られる姿勢だ。

心も身体も上手に楽することを、今年は大切にしてあげたい。

第12回
『Matcho at the daisogen』
（2023年3月号雑誌掲載）

材料（1人分）

◦オートミール … 30g
◦ブロッコリー … 3房（50g）
◦にんじん … 10g
◦セロリ … 10g
◦鶏むね肉（皮なし）… 50g
◦和だし汁（かつお節、昆布）… 400㎖
◦塩 … 少々

作り方

1 ブロッコリーとにんじんは小さめのみじん切りにする。セロリは7㎜ぐらいの薄さで斜めに切る。鶏むね肉は7㎜ぐらいの角切りにして、軽く塩を振る。
2 鍋に和だし汁とにんじんを入れ火にかける。沸騰したら鶏むね肉を入れて、再度沸騰してきたらアクをすくう。オートミールとセロリを加えて弱火で2分煮る。
3 ブロッコリーを加えてさらに1分ほど煮る。
4 味を見て足りなければ塩を加える。

オートミールからも穀物独特の甘みが

「今回はめちゃめちゃ簡単です」とタカハシユキ先生（以下、先生）に言われ「ふふふふ。秒速で終わらせよう」と嬉しそうに応える中村倫也。

「筋トレしてる時期に、料理に時間をかけるのは嫌だもんね」

今回は「筋肉とダイエット」をテーマにした雑炊。ダイエットをする人にお馴染みの食材、オートミールをごはんの代わりに使う。筋トレにハマっていた編集・村井が先生に頼んで考案してもらったレシピだ。

にんじんのみじん切りは「皮が付いたままで？」と言う中村に、「はい、適当でいいので」と先生が答える。「俺じゃなくて先生の口から適当でいいって言葉が出た」と笑う。「ダイエット中は疲れてますからね。具も4つだけです」と先生。

セロリは食感を残すため、7㎜くらいの斜め切りに。ブロッコリーは先生の指示の下、緑のもさもさとした部分に垂直に包丁を入れると、簡単に細かいみじん切りになった。ダイエット中に食べる野菜の代表格・ブロッコリーは「みじん切り、おすすめです。全体の彩りが良くなるし食べやすいし、他の食材と馴染みやすいので」と先生からアドバイスが。中村もささみと共に冷凍庫に常備し、梅干しをたたいたものとおかかしょうゆで食していたと語っている（第2回参照）。

「ブロッコリーって茹でると〝充血〟したみたいに緑が鮮やかになってかわいいですよね。前は好きじゃなかったんだけど、筋トレで食べるようになったら、いけるなって。味変しながらだけどね」

鍋に（なぜか中村はノールックで）和だし汁、にんじんを入れ、沸騰したら角切りにして塩を振っておいた鶏むね肉を投入。塩分は基本的にこれだけ。先生いわく「今回は薄味にします。野菜とおだしの味で食べます」。

「こんな薄味のスープ、自分で作ったことないなあ」

今回のだしはかつお節と昆布だが、顆粒の中華スープやチキンスープ、白だしでもOKだという。それを聞いて「そういえば」と中村。

「冬ロケの時に、スープジャーにオニオンスープとかの粉末スープとお湯、オートミールを入れて現場に持って行く、というのをちょいちょいやってたな」

身体の温まりそうな簡単レシピ。そして「むね肉だから、全然アクも出ないですね、先生」と少し物足りなそうにサッ

とアクを取る。

　オートミールとセロリを入れたら弱火にし、タイマー2分。「あっ、リセット押しちゃったよ！」と前回、前々回とは別人のように腹からいい声が出た。タイマーが鳴ったらブロッコリーをサラサラと入れ（「ジェノベーゼみたい」とつぶやく）、さらに1分。味見をしてほんの少し塩を足し、わずか8分ほどで完成。

　完成写真を撮ろうとすると、まさかの「ポパイのほうれん草パワーみたいな」ポーズで応える中村。さらにセーターの袖を自らまくり上げると、隆々とした上腕二頭筋が現れ、スタッフから「おお」と声が上がった。

　ひと口食べてすぐ「ああ、ブロッコリーのみじん切りが効いてますね」。

「口の中いっぱいにブロッコリーが広がるから、味がそんなに薄く感じない。あとにんじんの甘みとセロリの爽やかさと……先生が言っていたように、食材の味だけで勝負するスープ。そうだ、オートミールからも穀物独特の甘みが出て、スープの味がまろやかになるんですよね。スープ単体で飲んだ時とオートミールが入っている時とでは違う味になると思う」

試食させてもらうと、中村の言う通り、ブロッコリーの爽やかな香りがサッと広がった。オートミールの食感も軟らか過ぎずちょうどいい。

「ただ、今は1日2食、この薄味だとしんどいかな」と正直な感想を口にする中村。

「筋トレ中とかは、作るのも楽だしいいと思う。鍋にたくさん作っておいて、次の日は梅を足したりしてもいいし。ただ、本当に筋肉をつけるためだとすると肉の量が足りないかな」

『仮面ライダーBLACK SUN』出演時は、役のためにハードな筋トレに励んだ。

「やたらと肉を食えって言われてしんどかったなあ。ちょうど1年前くらいじゃない？　遠い記憶だなあ。2か月間、あんなに毎日筋肉のことを考えてがっつりやってたのに」

筋トレに興味津々の村井が、その頃のルーティーンを尋ねる。

「朝は、代謝を上げるサプリとかを飲んで、インナーマッスル系の筋トレをして、自転車マシンで有酸素運動。その後、ヒートトレーニングっていう瞬間的に心拍数を上げて落とす運動をやる。プロテインを飲んで、ブロッコリーとささみとかの飯を食う……という感じ」

さらに具体的な筋トレ法も聞く。

「ジムに行ける時は、背中とかマシンじゃなきゃできないところをやる。行けない時は家で。曜日によって鍛える筋肉の場所を替えてた。腹筋は毎日だけど、脚の日、胸の日、腕の日とかね。フラットにも斜めにもできるベンチと、ダンベルが家にあるんだけど、でかくしなきゃいけないところは大体それでまかなえた。あの時、ケガをしてたから脚はあんまりできなかったんだけど、脚は元々筋肉質だからね。筋トレしないで食事制限だけでやせたこともあった。筋トレは人によって合う合わないがかなりあると思うよ」

1年前はちょうどこの連載のスタート時。当時の写真を見ると、確かにかなり筋肉質だったことがわかる。

「あの頃は、毎日鏡を見るたびに気持ち悪いなって思ってた」

かっこいい、ではなく？

「えーだって俺の顔だもん。この童顔でバキバキって……35年間見てきた自分の身体と違うわけじゃん。違和感だね、違和感。頭だけすげ替えたみたいな感じだった」

中村倫也ならではの自分への目線。

「基本的に中肉中背でいたいんですよ。だって世の中の人は大体中肉中背でしょう。ポテッとしている人の設定なのに、

（演じる人が）実はバキバキだったら説得力がないじゃないですか。中肉中背でいて、必要ならそこから筋肉を増やしたり減らしたりすればいい。そもそも俺にバキバキの役はそんなに来ないしね」

　では、最後に雑炊のタイトルを。

「これだけ村井さんに筋肉筋肉って言われたら、筋肉にちなんじゃうよね」

　マッチョの方たちにたくさんお話を伺っていると楽しくてつい、と村井。

「マッチョか。マッチョ at 大草原にしようかな。大草原にいるマッチョ、的な。前置詞は at じゃないかもしれないけど、『At Home At The Zoo』という戯曲があって……これは日本語のローマ字表記にしよう。マッチョは Matcho で。『Matcho at the daisogen』。COMME des GARÇONS みたいでかっこいいでしょ？」

中村さんお手製

Short Essay
「愛しの横隔膜」 文：中村倫也

しゃっくりが止まらなくなることが、二年に一度くらいの頻度である。久しぶりにそれがやってきた。急いでモノを食べたので、胃がビックリしているのだろう。だいたいは翌朝目覚めると治っているのだが、今回は「しゃっくりが止まらない」と夢の中でも悩んでいて、目が覚めてもまだ「ヒック」と続いていた。

身体の異変は、「今こういうエラーが出ていますよ、気付いてください‼」というメッセージだと、昔医者に言われたことがある。私の勤勉で愛おしい横隔膜よ、聞いてくれ。五回でいい。なにも主人が寝ている間まで頑張ることはない。五回「ヒック」と痙攣してくれれば、異変だってわかるから。ブレーキランプの代わりにタ・ベ・ス・ギ・ヨのサインを出してくれれば、主、気付くから。

身体からのメッセージは受け取れるのに、私から横隔膜へのメッセージはどこに送れば届くのだろうか？

第13回

『先生、塩はありますか？』

（2023年4月号雑誌掲載）

材料（1人分）

◦ごはん … 1膳分（100g）
◦さつまいも … 40g
◦水 … 100mℓ
◦ココナッツミルク … 180mℓ
◦好みの砂糖（今回はオリゴ糖）
… 大さじ2
＊甘さはお好みで調整。
◦ラズベリー … 3粒
◦ココナッツシュレッド（ローストしたもの）
… 適量
◦ミックスベリー、フレッシュミントの葉、飾り砂糖など … 適宜

作り方

1 さつまいもは1～2cmの角切りにして水にさらす。水気を切って耐熱皿に乗せたら、ラップをして電子レンジ600Wで約1分30秒加熱する。
2 鍋に水を入れて沸かす。沸騰したら中火にして、ごはんを加えて軽くほぐす。
3 水気がなくなってきたら、ココナッツミルク、さつまいもを加える。軽くほぐし、オリゴ糖を加える。
4 再び沸騰して全体が馴染んできたら、ラズベリーを加えてヘラなどで軽く潰して煮る。
5 器に盛り、ココナッツシュレッド、ミックスベリー、フレッシュミントの葉、飾り砂糖など好みのものをトッピングする。

※「ただの俺」シリーズのため、上記のレシピと本文の料理内容、工程は異なります。

チョコと米か、想像したことなかった

「わあ、ホワイトチョコだ。好きなんだよね」

　トッピング用のたくさんの甘い食材を前にテンションが上がる中村倫也。今回は、ホワイトデーのプレゼント用の雑炊を、中村一人で好きにアレンジして作る「ただの俺」シリーズ。

「チョコと米か。想像したことなかったな」

　トッピングの食材を1つずつ「これ何ですか?」とタカハシユキ先生（以下、先生）に確認していく。ドライキウイ、「ごぼうのささがき?」ではなくココナッツシュレッド、かぼちゃのタネは「うちのハムスターが好きなヤツだ」……。

「ふんふん」と頷きながら次々に口に入れていく。スプレーチョコにマシュマロ、グリッターのようにキラキラした食用パウダーも。

「映える色味のものがいっぱいあるね。でも俺、スイーツ作ったことないからなあ」と若干不安そうだ。

「とりあえずレシピに書かれている通りに。味見して、考えて、頭の中で味を想像して作ろう」

　まずはさつまいもから。今日はねっとりとした食感の安納いもを使用。

「わ、こんな断面なんだ!　もう匂いが甘い」

　1㎝角に切り、さっと水にさらして水気を切ったものを、600Wの電子レンジで1分30秒加熱。ひとかけら口に入れて少し味わい、すぐにごはんも口に入れる。トッピングの食材もいくつか追って口に。ココナッツミルクの匂いもかぐ。「頭の中で味を想像」しているのがよくわかる。

　そして「米入れます。強火だな」と沸かしていた湯にごはんを投入、水気がなくなるまで煮込んでいく。安納いもを入れると「この山吹色がいいね」。ココナッツミルクを入れたら、オリゴ糖を目分量で。「ちょっと少なめに。後でチョコとか入れるから」

　ここで味見をすると、少し離れた場所にいる先生に向かって、突然こう叫んだ。

「先生、塩はありますか?」

　甘い雑炊を作りながら、レシピにはない、塩を要求。中村の繊細な味の組み立て（特に塩味調整）に今回もハッとさせられる。

　塩を渡されるのを待たずにホワイトチョコをピーラーで鍋

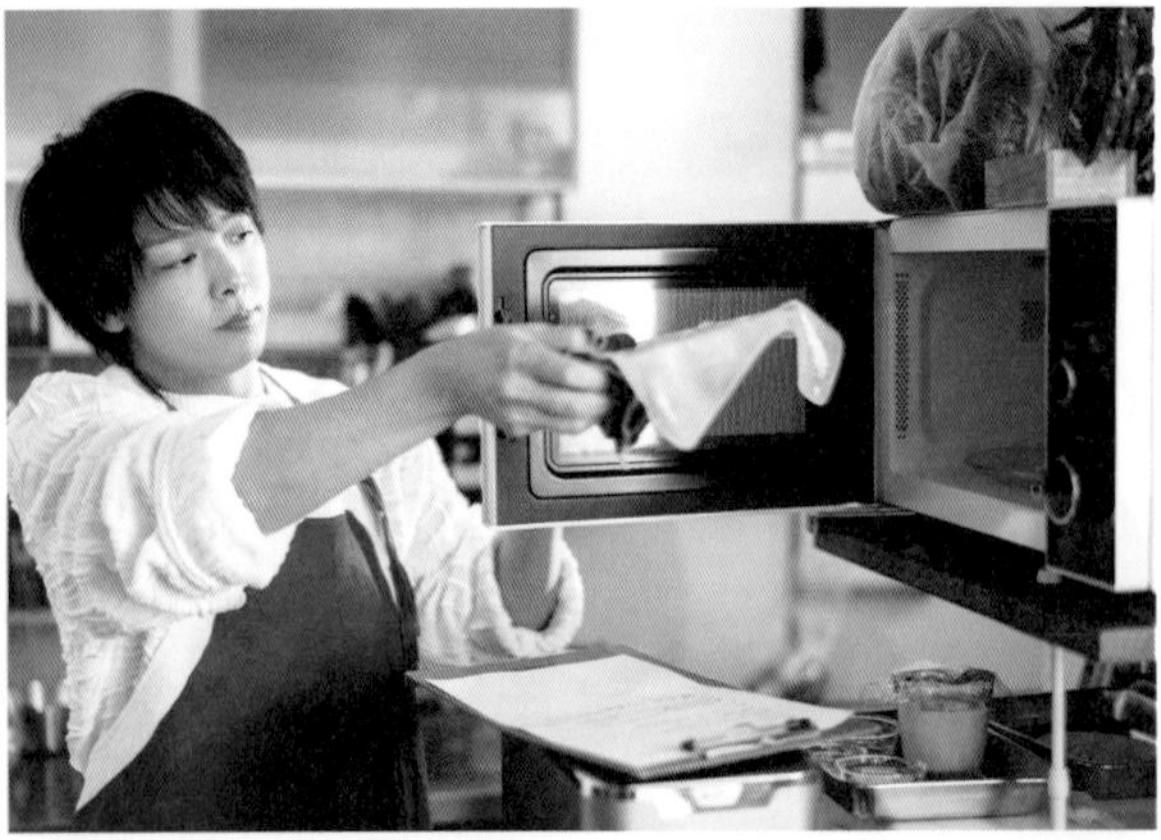

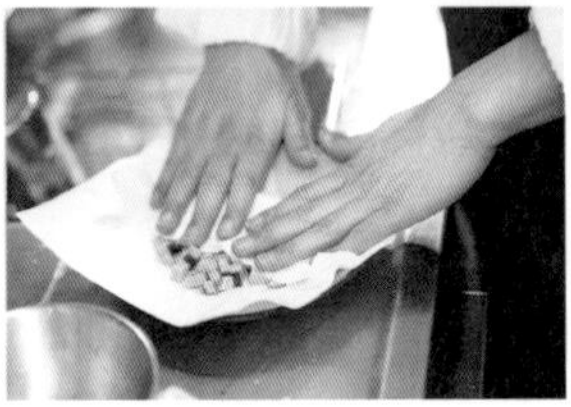

に削り入れて溶かし、火を止め、再び味見。

アジア風のお皿を選び、鍋の中身を移すとココナッツミルクの甘い香りが漂う。

「盛り付けだけいつも怒られるからな」とつぶやきつつトッピングへ。マカダミアナッツ、かぼちゃのタネを散らしたら、アーモンドダイスで器の周囲を囲み、ドライバナナを放射状に配置。「今のところ茶色いですね」と編集・村井。するとブルーベリーの濃い紫、そしてラズベリーの赤が入り、急にケーキのようなかわいらしさに。ココナッツシュレッド、マシュマロ、と次々にトッピングしていく。

「もう、モリモリだよ？」

「お子さんがマネしたくなりますね」という村井の発言を受けて「わぁい」と甲高い子供の声で応える中村。我々の大好きな寸劇が来ましたね、と話していると「そう言われるとやらなくなるんだよ？」と一瞬で終了。

スプレーチョコをドサッとこぼしてしまい「ごめんなさい」とスプーンで救出。器を眺めると「ちょっと思い描いた絵とは違うけど」とポツリ（後で聞いた「思い描いた絵」は「ハイブランドのお店のやたらスイートでゴージャスな飾り付け」）。

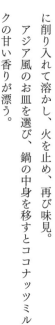

キラキラの食用パウダーを振ると、ふわふわと宙に舞った。スタッフにパウダーの容器を向け「今日デートの人とかいる？　これ振っておいたら？」。

フレッシュミントを乗せ、「はい、完成」。大きな声で「映え映えキュンキュンやないか」と続ける。

カラフルでゴージャス。間違いなく本書レシピ内で一番攻めた見た目の雑炊だろう。ちなみにホワイトデーは「ホワイトデーって言葉を最後に言ったのが記憶にもないぐらいに遠い昔だと思う」。写真を撮るために器を持ち上げた中村が「器が熱いんだ」と漏らすのを聞いて、これが雑炊であることを思い出す。「味が想像できない」「ホワイトチョコの匂いがする」とスタッフも興味津々で器を覗き込んでいる。

「よし、食べよう。いただきますよ」とひと際元気な声。スッとスプーンが入る軟らかさに、再び不思議な感覚に陥る。

「そう、米だからね」と中村。

ひと口食べて「うん、こうなるわな」と「ただの俺」シリーズらしい感想を言った後、「あ！　塩を入れるの忘れた」と、ここで塩をパラリ。「塩があったほうが圧倒的にうまい」

「途中で味見した時に、ココナッツミルクと米、安納いもで甘みとマイルドさはすごくあったんだけど、甘みの輪郭がぼやけているなと思って。ちょっと塩で締めたかった」

試食した先生も「おいしいです。私のレシピだと、ラズベリーを潰して入れるんですよ。それで酸味が出て甘みが際立つんです」。「なるほど、俺はそれを塩でやっちゃったんだ」と中村。では塩を入れたのは正解？「正解です。食感もあって楽しい。いろいろ入れたのにまとまっていますね。ちゃんとデザート」と先生も太鼓判。

取り分けたものを試食させてもらうと、おいしい！と思わず叫んでしまう。

「ね？」

甘くとろとろのごはんと、ほろっと崩れるさつまいも、マカダミアナッツの歯応え。そしてやはりわずかな塩味が効いている。「先生、塩はありますか？」と言った瞬間にぐっときたことを伝えると「スイーツ開発のドラマ（『この恋あたためますか』）にも出てたしね」と笑いながら言う。

「頭の中で食べてみて、なるほど、みたいな。ココア味のクッキーを砕いて入れたり、シナモンをかけたりしても良さそう。あとココナッツミルクの代わりに甘酒でも作れるね。腸内環境改善雑炊が作れるよ」とアイデアがどんどん出てくる。

では、タイトルを。

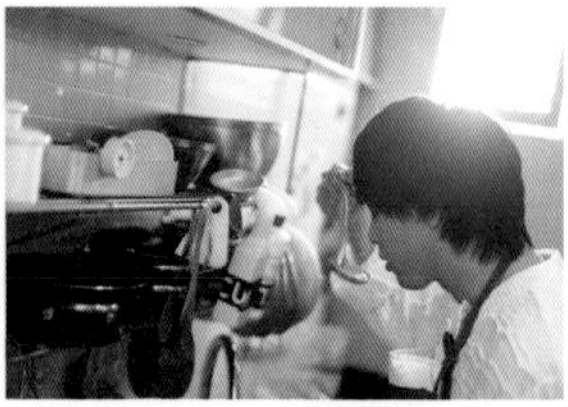

「『先生、塩はありますか？』」

まさに今回のハイライトだ。

「『情熱大陸』でいったらクライマックスに持って来るぐらいのセリフでしょう。『先生、塩はありますか？』――その時、中村が動いた（ナレーション調で）。あ、これ昔僕が出演した『先生！、、、好きになってもいいですか？』っていう映画のタイトルにもかかってるからね」

ホワイトデーらしく、しっかり恋と関連づけてくれた。ホワイトデーにこの雑炊を贈るのをどう思う？

「サプライズ的な意味合いで楽しくはあるんじゃないかな。たぶん『えぇ？　まじで？』ってなるでしょう。でも食べて『意外とおいしい』ってなったら、いいよね」

中村さんお手製

Short Essay

「雪」 文：中村倫也

子供の頃、せっかく積もった雪が、すぐに変わる雨に溶かされていくのを見て、なんだか悲しかった。皆に配られた空からのギフトを踏み潰されて泥だらけにされるような、あの切ない他人事は何と表現すればいいのだろう。

大人になると、雪が無条件に素敵なものではなくなった。交通が麻痺したり仕事に支障が出たり、怪我や事故、災害にもつながるものだと知ったからだ。

だから「あんまり降ってくれるな」と願うとともに、心のどこかではまだ「ちょっとだけ積もらないかな」と期待している自分もいる。カーテンの隙間、曇った窓ガラスの向こう、数時間後には消えていく東京の雪を見て、今年の冬も考えた。

先生のお手本

第14回

『ほかの女とは同じに思われたくない！ZOUSUI』

（2023年5月号雑誌掲載）

材料（1人分）

- ごはん … 1膳分（150g）
- ほたるいか（ボイル）… 8杯
- 菜の花 … 3～4本
- ミニトマト … 2個
- 水 … 300㎖
- トマトソース … 100㎖
  ＊今回は塩分使用の市販品を使用。
- コンソメ（固形）… 1/2個
- フレッシュバジル … 1本
- 塩 … 少々

作り方

1 ほたるいかは、目、くちばし、軟甲を骨抜きで取る。菜の花は茎の硬い部分をピーラーで剥き、3等分に切る（事前に茎を少し切って30分ほど水につけておくのがおすすめ）。ミニトマトはヘタを取り、お尻に竹串や楊枝で穴を開ける。

2 鍋に水、トマトソース、コンソメを崩しながら加えて沸かし、フレッシュバジル、菜の花の茎を入れる。アクをすくう。

3 再び沸騰したら、残りの菜の花を加えて、ごはんをほぐし入れる。ほたるいか、ミニトマトを入れる。

4 菜の花に火が通ったら、塩で味を調える。ミニトマトの皮を箸でつまんで取り除く。

ほたるいかと菜の花、大人の感じ

「初回も菜の花でしたっけ?」

今日は「ほたるいかと菜の花の雑炊」です、とタカハシユキ先生(以下、先生)から聞いてすぐ初回を思い出す中村倫也。また春が来て、季節が一巡したことになる。

まずは菜の花を処理する。「30分くらい前に、茎を1㎝ぐらい切ったものを水につけておきました。こうすると、葉っぱが生き生きするので」と先生。茎の硬い部分をピーラーで剥く。「これ去年もやったっけ……?」と怪訝そうな中村。

剥いたら3等分に切る。「茎と葉をなんとなく分けておいてください」と言われて「ああ、火の通りやすさが違うからですね」とすぐに意図を理解。

メイン食材のほたるいかは、初登場。目、くちばし、軟甲を取るという下処理の仕方を「へぇえ」と感心しながら聞いている。「前に何かの料理に入れたことあるけど、取らなかったです」。目とくちばしの処理は簡単にクリア。だが「軟甲は……どこにいるんだろう?」と苦戦。「この縦に濃い線のところにビューッと。背中にくっついてる感じです」と先生。「全然いないです」と首をかしげる中村の持っていたほたるいかを手にとった先生が「ぬるくなっている」と笑いながらお手本を見せる。ようやく発見し「あ、この感触ね……出た!」と半透明の軟甲をするりと出すことに成功。

鍋に水とトマトソース、固形のコンソメを投入。「硬いコンソメを手でうまく崩すコツってありますか? 気合?」。崩さずに入れても大丈夫です、と聞いてそのままポトリと入れる。沸いたら、フレッシュバジル、菜の花の茎を加える。

ミニトマトはヘタを取り、お尻に楊枝で穴を1つ。

「これで皮が剥きやすくなるんだ。なんかイタリアンなノリだね。ここにほたるいかなんですね。ほたるいかってエグみが強めな印象ですけど、それを合わせるのかあ」

「和食のイメージですよね。でも、パスタにも結構使ったりするからいいかなと思って」と先生。菜の花の葉の部分、ごはん、ミニトマト、そしてほたるいか、と食材をどんどん入れていく。ここまでわずか十数分。下処理だけでほとんど出来上がっている感じです、と先生。

味を見て足りなければ塩を足してください、と言われ「はーい。たぶん足しまーす。塩を足しがち」と笑う中村。少しアクをとったら味見。

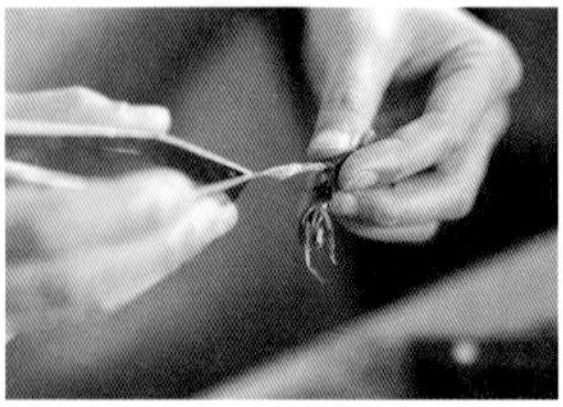

「塩を足したほうがトマトの甘みが引き立つ気がします。こしょうも欲しいな。好きなんですよね」と塩こしょうをして、完成。「ここにチーズをかけたくなる感じだよね」

盛り付けた後で、ミニトマトの皮を取り除く。事前に穴を開けておいた効果で、箸でつまむと簡単に剥けた。

テーブルに移動すると待ちきれない様子で「腹減った！いただきまーす」。

「うんうん。トマトソースの酸味と甘味に、やっぱりほたるいかと菜の花の独特な苦み？が混ざってますね。ちょっと大人の感じかな」

ミニトマトを口に入れると「あー、このトマトがめちゃくちゃ甘い」。今回は通常より甘い品種のミニトマトを使っている。

「でも、すごく甘い品種じゃなくても、ミニトマトって熱を加えると甘みが増すからね。うん、すごくバランスがいい……ただやっぱりパルミジャーノをかけたくなっちゃうな」

中村のチーズ欲が再び顔を出す。キッチンからテーブルに来ていた先生が「あえてかけないです」と言って笑う。

「うん、おいしいです。ほたるいかのエグみも消えてますね。下処理をちゃんとしたから。俺の知ってるほたるいかとは全

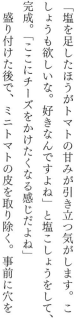

然違う」

　パクパクと食べて「そうか、食べながらタイトル考えなくちゃいけないんだよね。完全に食べ終わっちゃう」。

　ここでまたテーブルに来た先生に「ごちそうさまです」と言い、「あえてチーズをかけないのはなぜなんですか？」と質問する。

「なんか……かけちゃいそうじゃないですか」と先生が絶妙な答え。「ハハハ！　なるほど」と豪快に笑う中村。「皆と同じには思われたくない！みたいな？」という中村のツッコミには応えず「同じ味になっちゃいそうで。香りがそれぞれ楽しめるので……菜の花とほたるいかと」と説明する先生に、「確かになあ。チーズコーティングって強いですもんね。チーズは我が強い」と中村。「そうそう。ちょっともったいないかなと」と先生。

　これまでもたびたび話題にあがってきたチーズが、また登場していておもしろい。

　前に菜の花を使った時のタイトルが衝撃の『中国の、田舎町の、怖い先輩雑炊』（第1回参照）だった話などをしているうちに「今回のタイトルも決まりましたよ」と中村。

「先生がこんな思いを込めて作ったんだということを感じたので……『ほかの女とは同じに思われたくない！ＺＯＵＳＵＩ』です。雑炊はローマ字で」

　試食させてもらうと、菜の花とほたるいかからそれぞれに春の風味がくっきりと感じられる。チーズをかけてもきっとおいしい。ただ確かに全体的にチーズ味の雑炊になるかもしれない。二人それぞれの言っていた意味がわかる味。

「そうだよね。僕だったらちょろっとチーズで全体のバランスとろうとしちゃうと思う。その分こしょうを多くしたりするかも。でも『私は違います』という確固たる主義を先生から感じました」

　また春が来るほど、たくさんの雑炊を作ってきたことで、自分の料理の傾向についてあらためて感じたことはあるだろうか。

「なんか、いろいろ混ぜたがりますね。やっぱり実験の側面が強いんだと思う」

　料理は実験であると、中村は再三口にしてきた。

「今朝もパスタを作ったんだけど、麺を茹でるお湯に中華だしをちょっと入れてみたんですよ。麺に吸わせたらどんな味になるかな？って。ペペロンチーノだから、そんなに複雑な味じゃないし。トマト味のパスタを作る時は、お湯にトマト

ソースを入れて茹でてるんだけど、それはおいしいんですよ」

その時のお味は？

「お湯にちょっと中華だしを入れるくらいじゃ、麺からは味を感じられないんだなと思った。にんにくの香りが強いしね」

それもまた、実験で得られた成果。そして、こんないいアイデアを教えてくれた。

「最近よくパスタを作るので、刻んだにんにくと鷹の爪とオリーブオイルを瓶に入れて常備しているんですよ。それを使えば、手がにんにく臭くなる頻度が減るでしょう」

中村さんお手製

Short Essay
「春」 文：中村倫也

二十年近く前の春、とある作品でご一緒した先輩俳優のご自宅に共演者皆でお邪魔したことがある。その方の住むマンションは桜で有名な公園に面していて、この季節、ベランダに出ると眼下いっぱいに八重桜が咲き誇り、毎日気軽に花見が楽しめると仰っていたのだ。駅から坂道を上り、小高い丘にあるマンションにぱらぱらと仲間たちが集まる。それぞれ一品ずつ料理を持ち寄り、わいわいと気楽なムードで会が始まる。今にもこぼれ落ちそうなまんまるの桜はもちろん見事だったが、花見と同じくらい、その先輩ご夫婦が素敵だった。シャイでへそ曲がりだけど愛情に溢れた夫と、からからと笑う明るくエネルギッシュな妻。あれから毎年桜を見るたびに、お元気にしてるかな？と二人を思い出す。

気付けば今年も桜が咲いて、やっと春が来た。

新生活が始まる。

第15回
『泳げ！たまごごい雑炊』
（2023年6月号雑誌掲載）

材料（1人分）

- ごはん … 1膳分（150g）
- 煮干し … 5～6尾
- 水 … 500㎖
- 薄焼き卵
  - 卵 … 1個
  - 塩 … 少々
  - 好みの油 … 少々
- いんげん … 1本
- 三つ葉 … 2～3本
- しらす … 大さじ1と1/2
- 酒 … 小さじ1
- 薄口しょうゆ … 小さじ1/4
- 塩 … 小さじ1/4
- かまぼこ（ピンク）… 薄切り4枚
- 海苔 … 適量

作り方

1 煮干しは頭とはらわたを取る。鍋に水と煮干しを入れて沸かす。沸騰してきたら、しばらくだしが出るまで煮る。

2 だしを取っている間に、卵をボウルに割り入れて、塩少々を加えよくほぐす。フライパンに油少々を加えて、薄焼き卵を作る。取り出して冷まし、器の大きさに合わせて鯉のぼりの形に切っておく。

3 いんげんは軸を落とし、鯉のぼりの竿のイメージで、器に合わせた長さに切っておく。三つ葉は適当な大きさに切る。

4 だしが出たら、ごはんをほぐし入れ、しらす、いんげんを加える。再び沸騰したら、酒、薄口しょうゆ、塩で味を調える。いんげんに火が通ったら三つ葉を加えて火を止め、いんげんを取り除いたものを器に盛る。

5 器に鯉のぼり形の薄焼き卵を乗せ、いんげんを竿に見立てて飾る。かまぼこをくりぬいて作った白目、海苔をはさみで黒目の形に整えて乗せ、残りのかまぼこでウロコを作る。

煮干し、しらす、かまぼこ、魚がいっぱいだね

「目玉用だな、これは」

円形の小さなプラスチック（実は調味料の瓶の蓋）を手に取り、にやりとする中村倫也。そう、まさにそれで「鯉のぼり」の目玉を作る。「シンプルな雑炊に鯉のぼりを乗せた、五月の節句の雑炊です。読者の方がいつも楽しんで作ってくださるので、こういうものもいいかなと思って」とタカハシユキ先生（以下、先生）。

今回のだしは、煮干し。頭とはらわたを取る下処理は本書内で3度目だが「これ、前も手でやってました？ 専用の器具とか使わなかった？」と首をかしげる。「しっぽは取らなくていいよね。こういうの、すぐもういいかな？ってなっちゃうんだよ」。中村の好きな作業、苦手な作業がくっきりしてくる。

だしを取っている間に、鯉のぼりの素材を揃える。体は薄焼き卵。フライパン全体に卵液が広がらず「あー、道ができなかった」と叫ぶが、「ドンマイ」と一瞬で立て直す。鮮やかな黄色の（ちょっと穴のあいた）薄焼き卵が出来上がる。

裏返したザルの上で卵を冷ましつつ、目とウロコ用にかまぼこを切る。「包丁の背で板とかまぼこの間をピューッとやってみてください」と先生。「へええ、こういうこと？」と包丁の背を入れると、さっと板が外れた。4枚のうち1枚を型で抜いて白目を作っておく（抜いた後のかまぼこはもちろん口へ）。

竿はいんげんで。器の幅に合わせて切る。三つ葉は「子供が食べることを考えて」と小さめに刻んだ。

冷めた卵は先生のお手本イラストを見ながらカット。だが中村はしっぽ部分以外はほぼ切らずにパタンパタンと折り畳んで形を作った。

煮干しからだしが出たら、ごはんを入れ、しらす、いんげんを加え、酒、薄口しょうゆ、塩で調味。

「しょうゆ小さじ1／4って本当にほんのりですね」と中村。「あまり色をつけたくないので。しょうゆは香りづけで入れます。お塩と、しらすの塩分も加わりますしね」と先生。「先生は、素材の旨味で食べるのが好きですよね。私は調味料が大好きなので」と笑う中村に、「若者男子ですね……だんだん素材だけで大丈夫になっていくんですよ」と先生が返し、年長スタッフが皆頷く。

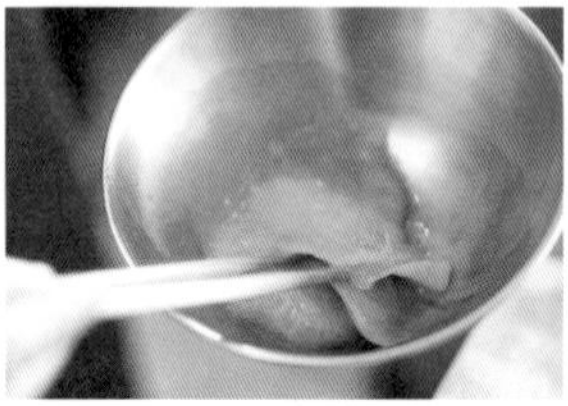

いんげんに火が通ったら、三つ葉を入れて、すぐ火を止め、いんげんをいったん取り除いた雑炊を器によそう。

いよいよ飾り付け。「ぴったりです、先生」と言いつつ、明らかに長過ぎるいんげんをぎゅっと押し込む。卵もしっぽが皿からはみ出るが、ちぎっては食べを繰り返し、なんとか収めた。そんな中村を見て笑いが止まらない先生に「でもほら、鯉のぼりってこういうもんだから」と主張。確かに空を悠々と泳ぐ姿にも見える。かまぼこをウロコに見立てて並べ、最後は、目。

白目のかまぼこの上に海苔を丸く切って黒目を……と思いきや、中村は躊躇なく細い長方形に海苔をカット。白目に乗せると、眠そうな、のんびりとしたいい表情に。「春だから眠いんだね」と言い、鯉のぼりの表情を真似てみせた。

「鯉のぼりの雑炊で、だしは煮干し、そこにしらすが入って。かまぼこも魚のすり身でしょ。魚がいっぱいだね。あとは卵と三つ葉か。今回は味の予想がつきやすい」と言いながらひと口。「うん、そうだよね、というおいしい味。メインは、盛り付けですから」

「何とも言えない完成度」と本人は言うが、目を線で表したアイデアは秀逸。

「表情は、目が作るんですよ。海苔を丸く切ったら無表情になるかなと思った」

ではタイトルを、と言うと考え込む。「もうコンセプトがタイトルみたいな雑炊だからなあ」。決めないと帰れませんよ?と編集・村井。「マンガ家か、俺は」と〝鬼編集にカンヅメにされるマンガ家〟気分をしばし楽しみ、「『泳げ!たまごごい雑炊』で。『およげ!たいやきくん』の感じで」。「たまごごい」はひらがなで、と指定。字面も、こどもの日らしくてかわいらしい。

先生に「最近玄米を食べているんです」と水加減を相談していた中村に理由を聞くと、宮沢賢治が食べていたからだという。前回と今回の撮影時は、中村が宮沢賢治を演じた舞台『ケンジトシ』の本番真っ最中。

「『どんな味なの?』って聞かれてもわからないなと思って食べてみたのが始まりなんだけど、おいしいから続いていて。ひえとかあわとかも入れて、前の晩に浸水させておいて、朝、土鍋で炊く。残りは冷凍しておけばいいから」

おかずは?

「納豆と、さばのみそ汁をよく飲む。だし汁に缶詰のさばの水煮と臭み取りのしょうが、ねぎとかその時ある野菜を入れて、最後にみそを溶くだけ。さば缶で作ると、あまーくなるんだよね」

何と最高の献立。納豆にもひと工夫。

「納豆卵かけ、みたいな。玄米はパサッとしやすいから、卵白だけ先に玄米に混ぜておく。そこに納豆のっけて、黄身のっけて、海苔とかごまをかけて、ごま油を垂らす。オリーブオイルも納豆と合うよ。あとはたくあんとか、いぶりがっことか、白菜とか、いつも冷蔵庫に入ってる漬物をちょちょっと皿に出して。すぐできるよ。すごく楽」

この献立が「楽」とは……調理法はシンプルだが丁寧で、ちゃんとしたごはん。

「そう、ちゃんとしてるのに楽なんですよ。ちゃんとしてる、って思いたいじゃない? 思えるよ。〝生活してる〟って思いたいんですよ」

いいですね、とぽつりと言う編集・村井に「いいんだ? これが」と笑う。

「こんな仕事してるからさ。本当に忙しい時は朝6時に起きて、夜12時に帰ってくるような生活で、食事も弁当ばっかりで。でも舞台だと、他の仕事があんまり入らないから規則正しいリズムでいられるんだよね。朝、ちゃんと料理して食え

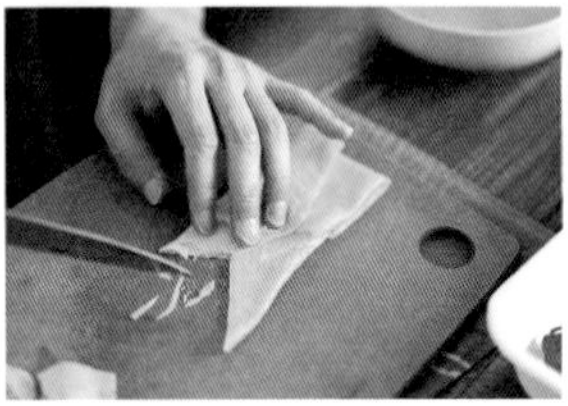

て、帰ってきてまた料理して食えて。舞台の一番好きなところは、〝生活〟できるところかもしれない」

なぜ「生活してる」と思いたいのだろう？

「なんか……根本的にあんまり〝芸能人〟が向いてないんじゃないですかね。20年くらいやってるけど、性に合わないんでしょうね。せめて家の中のこと、料理とか掃除とか、今日は天気がいいからシーツを自分で洗って干して、気持ちいいなとか……そういう、人としての営みのようなものを感じていたいんじゃない？」

中村さんお手製

Short Essay

「恒例」 文：中村倫也

仕事で地方に行った時、合間の空き時間で近くの小ぶりな水族館をスイスイ〜と見て回るのが恒例となっている。こういった水族館は大型のそれとは違い、地元の漁師さんとのパイプを生かし、珍しい魚や特定の種類に特化した展示をしている場合が多く、楽しいのだ。先日訪れた愛知県蒲郡市での撮影では午前中休みの日があったので、早起きして竹島水族館を訪れた。こちらは生き物の紹介文が面白く、界隈では名の知れた水族館だ。

開園時間15分過ぎくらいに到着したのに、館内はすでに沢山の子供たちの華やいだ声で溢れている。綺麗に並んだ、水族館と呼ぶには小さな水槽たちを、順路に従い眺めて回る。海外の大型淡水魚、色鮮やかな熱帯魚、地元の海で取れる魚たち、カニやシャコ、大量のウツボ。狭さを逆手に取った展示の仕方が魅力的で、説明文もふざけていて面白い。何より「この仕事を楽しんでいるんだな」とスタッフたちの愛が感じられて、心温まる。触れることが可能なオオグソクムシとナヌカザメの背中を撫で、キーホルダーのガチャガチャに２千円を溶かし、非常に満足した気持ちで外に出た。

ホテルに帰りニマニマしながら撮った写真を見返すと、グロテスクな生き物ばかり撮影している自分に気付く。これじゃうまく人に勧められないじゃないか。人が避けるような生き物に夢中になってしまう自分も、もはや恒例だ。今度はあの出口付近にいた可愛いウミガメさんの写真を撮るために、また訪れようと思った。

ちょこっと「箸休め」的な企画を、
はさみこみ③

真似したい、〝202〟にあった素敵なもの。

【インテリア編】

●食器棚

キッチンに入ってすぐ右手に、家具屋さんに特注したという大きな食器棚が。「この位置に置いて、棚のガラスに外の緑が映るようにしたかった」

当初、「壁一面にぴったり収まるように」とオーダーしていたものの、圧迫感が出るという家具屋さんの助言で、あえて左端に隙間を残したサイズに。右側には主に洋食器を、左側には主に和食器を収めている。

「細かく仕切りをつけず、お皿によって高さを調整できるように、棚板は動かせるようにしました」

●一人掛けソファとサイドテーブル

キッチンからダイニングテーブルまでの動線上に、一人掛けの大きなソファとサイドテーブルが置かれたスペースが。撮影中に誰かが座ることはあまりないが、仕事と関係のないこのスペースがあるおかげで現場にリラックス感が。

●ダイニングテーブル

中村倫也が雑炊を試食してきたダイニングテーブル。奥行110㎝、幅200㎝とゆったりしたサイズ。

「前の事務所は今よりもさらに狭かったので、畳むと90㎝四方、広げると幅が180㎝になるテーブルを作ってもらって、使っていました。この部屋にもいったんは持ってきたんですけど、置いてみたら小さく感じてしまって……奥行が90㎝だと真ん中に大皿の料理が乗せられないいんですよ。ずっとそのストレスがあったんだなあと気付いて、今回は１１０㎝にしました。小さいテーブルに皆でぎゅうぎゅう座るのも楽しいんですけどね（笑）」

●木のベンチ

〝中村倫也のやんごとなきシリーズ〟動画がUPされている公式YouTubeチャンネル（https://www.youtube.com/@arasujich）で「中村倫也のやんごとなき雑炊」コメント撮影時に中村が座っていた一枚板のベンチは、ガーデニング用のもの。

「パイン材でできているので軽くていいんです」

●糸の入った瓶

「洋裁をしていた」というタカハシユキ先生のお母さまが愛用していたカラフルなミシン糸は、瓶に入れて素敵なインテリアに。

「ボタンを付ける時とか、実際に使っています」

連載時には、瓶を持った中村の写真が本書公式ＳＮＳ（「中村倫也の〝やんごとなきシリーズ〟公式」）に掲載された。

●メダカの水槽

木のベンチの横にある棚には水槽が。メダカが元気よく泳いでいる。

「赤いメダカは、道の駅で買いました。黒いメダカは、川で自分で捕りました。よく見るとドジョウもいるんですよ。川で一緒に捕っていたみたいです（笑）」

●花

部屋のあちこちに、さりげなく花が。取材日にダイニングテーブルの上に飾られていた百日草（ジニア）は「埼玉のＪＡで買った」という。

「今、埼玉にも家があるので、花は埼玉のＪＡや東京に帰る途中にある道の駅で買うことが多いです。安くていいんですよ。この百日草も全部で２００円しないくらいじゃないかな。最近は庭に生えているものもよく飾ります。花屋さんで買っていた時は、１回１０００円と値段を決めていましたね。都心でも、探せば大物の枝ものを１０００円くらいで買えるところがありますよ。道の駅とかＪＡだと、安いだけじゃなくて、市場には出回らないようなおもしろいものが売っていたりするのも好きなんです。個人の家の庭の花を出したりもしているんじゃないかなあ（笑）」

第16回
『タイの謎の調味料のリモート雑炊』
（2023年7月号雑誌掲載）

材料（1人分）

- ごはん …1膳分（150g）
- トッピング材料
  - 牛肉（薄切り）… 2枚
  - 万能ねぎ … 1本
  - ハーブ（パクチー、フレッシュバジル、フレッシュミントの葉）…各適宜
  - もやし …適宜
  - 生赤唐辛子 … 適宜（小口切り）
  - レモン … 適宜（くし切り）
- チキンスープ … 400㎖
- ナンプラー … 小さじ1
  ＊味を見て調整。
- 塩、こしょう … 各少々

作り方

1 鍋に湯を沸かし、牛肉を食べやすい大きさに切って、さっと茹でる。万能ねぎは3㎝幅に切る。皿に、万能ねぎ、ハーブ、もやし、生赤唐辛子、レモンを盛り合わせる。
2 別鍋にチキンスープを沸かし、ナンプラー、塩、こしょうを加えて味を調える。
3 2にごはんを加えてほぐす。再び沸騰したら火を止める。
4 3を器に盛り、トッピング材料を乗せる。

※「ただの俺」シリーズのため、上記のレシピと本文の料理内容、工程は異なります。

チキンスープとナンプラーのコクと甘みと

「どうですか？　見えていますか？」「私がスマホで撮ったら見えやすいんじゃない？」と、編集・村井をはじめとするスタッフたちの声がパソコンの画面越しに聞こえてくる。

当記事担当ライターである筆者の体調がすぐれず、リモートで取材することになったのだ。いらぬ面倒をかけて申し訳ない気持ちでいると、中村倫也が画面に現れて、笑いながら「初リモート雑炊記事、楽しみですよ」と気遣う言葉をくれる。

今日は中村が一人で作る「ただの俺」シリーズ。『ベトナム風雑炊』なんだね」。タカハシユキ先生（以下、先生）いわく「爽やかなハーブで、身体の中にとどこおる湿気を飛ばします。ごはんは雑炊にするんですけど、具材は後から乗っける、乗っけ系です」。

「これはナンプラーか……酸味があるんでしたっけ？　辛味？」

「魚の発酵した香りのおしょうゆです。ふだんタイ料理とかベトナム料理とか食べますよね？」

「全然食べない。ベトナムは『水曜どうでしょう』でしか知らない」

「じゃあ苦手かもしれないですね」

「ハーブ類も、あんまり好きじゃないんだけどな。これパクチーでしょう」

緑の食材はパクチーとフレッシュバジル、フレッシュミントと万能ねぎ。これらを山盛り乗せて食べる予定。その中から「バジルはちょっと入れようかな」とバジルのみをチョイス。

「ふだんエスニック料理を食べないから完成形をイメージできないけど。よし、やってみるか」

好きにアレンジできるよう、レシピにはない食材もたっぷりと用意されている。チキンスープを沸かしている間に食材を切る。生の赤い唐辛子も「こんなでっかいのは初めて」。「全部は入れないから……食材の余りが多くなるのは申し訳ないな。あ、なす、なす入れましょう」とレシピにはないなすも選び、小さく切る。沸いたスープに、レシピ外のえび・いか・ほたてを投入。

村井が「パクチー、使われない予感がします。無視……？」とやきもきしていると「だってあんまり好きじゃないんだもん」と中村は作業を続行。楽しいね、と小さくつぶやいた後

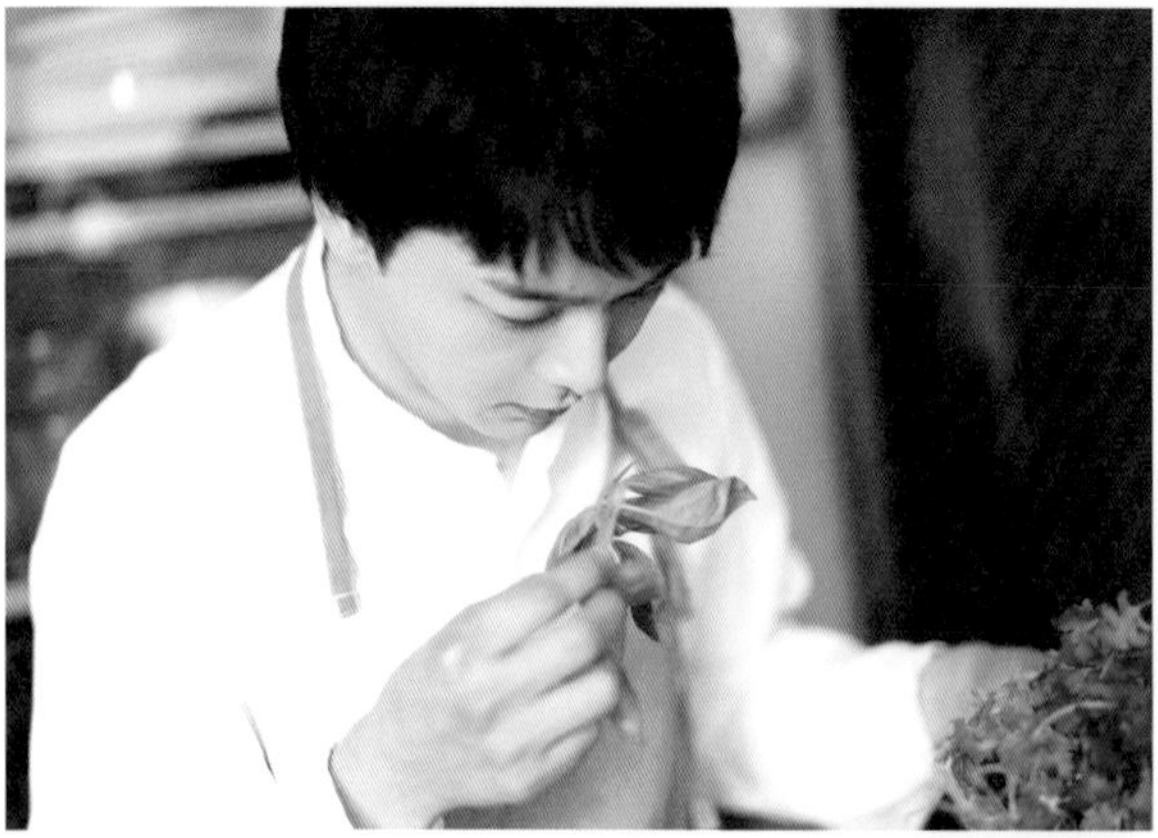

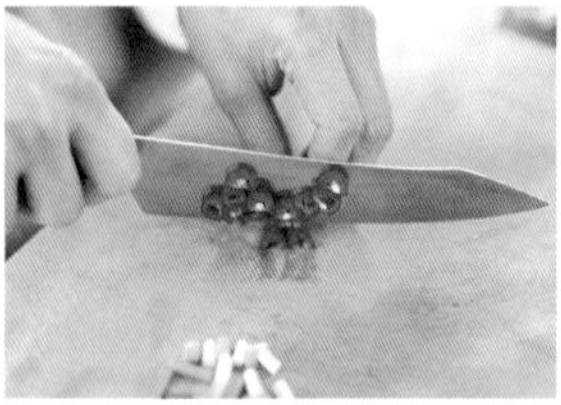

「あ、でも今日はリモートで今の声が聞こえてないかもしれないから、『楽しいね、と小さくつぶやいた』って書かれないかもしれないね」と笑う（録音でしっかり聞こえたので書きます）。

別鍋で牛肉をゆがく。「牛肉は手でちぎって入れます。生肉を触ったので、手を洗っています！」と実況。

チキンスープと魚介の入った鍋にナンプラーを入れ、お玉で味見。

「うん、うまい。このスープの量にナンプラー小さじ１でも意外と味が出るんだね」と言いつつ、ナンプラーを追加。

なすはアクがあるので火を入れたほうがいい、と言われると「こうすればいい」と目の前にあったアルマイト製の銀の平たい皿になすを入れ、鍋からスープを少し取って注いだ。

チキンスープの中にごはんを投入。塩とこしょうを少々して「これでいいでしょう、たぶん」と、もう完成。

村井が「やはりパクチーは使わず……」と言うと「自分たちが食べる時に入れなよ！」と言いつつ、鍋を持って盛り付けへ。先生が小さい声で「もしや、もしや……」とつぶやく中、なすの入った銀の平たい皿に雑炊を注いだ。ざわつく一同。「え？　違うの？」と中村。「カレーライスみたいになった！」と衝撃を受ける先生。牛肉とバジルとレモンを乗せ、最後にレシピ外のフライドオニオンをトッピング。

写真を撮るために皿を持ち上げ「熱い！　なんでこんなに熱いの？」と言う中村に「いや、雑炊を盛る用の皿じゃないから！」とスタッフ全員がつっこむ。「東南アジアのフードコートにあるようなお皿だなと思ったんだけど。あれは先生の指定でしたよね？」「いえ、ハーブ類を盛るための別皿なんです……」「そうだったの？」

席を移動し、試食。

「めっちゃうまい。バジルと食べるとアジアっぽくなるね。チキンスープとナンプラーのコクと甘みと、って感じかな。でも先生がイメージしたのとだいぶ違うんだろうなあ。もっと辛くしたい……先生、何か東南アジア系のものに合う辛いソースってありますか？」

辛そうなソースがトレーに載っていくつも出てくる。「これ何ですか？」と中村が興味を持ったのは、ペースト状の調味料。「タイの調味料です。入れてみてください。多めに」とだけ答える先生。

「独特の甘みがありますね。この調味料、すごくおいしい。ヌガーみたいな感触。にんにくと……えびだ。これを汁に溶かして全体にゆき渡らせれば……うん、うまいうまい」

先生評は、「魚介の旨味がすごいですね。肉もおいしいです。確かにナンプラー足したくなっちゃうかも」。ほぼ最後に「味変」としてレモンを絞り「うまい。夏に合うなって感じが増します」と生き生きと話す中村の後ろに先生が立ち、「もっと……青い葉っぱの清涼感が欲しいです……」とぽつり。「ダメ出しされました」と笑う中村。

そしてこのタイの調味料が、スタッフにも「後からしっかり辛いのきます！」「おいしい！　絶対買いたい」と大好評。だが先生も詳しくは知らずに買ったといい、翻訳ソフトではパッケージのタイ語がうまく訳せない。皆が熱く語る中、「タイトル決まりました」と中村。「『タイの謎の調味料雑炊』で」

「先生のレシピはベトナム風なんだけど、俺の作ったものは『タイの謎の調味料雑炊（えびの甘み）』になった。料理は国境を超えるね」

梅雨の時期、気をつけていることは？

「うーん。今日は気圧が低くて頭痛いわーとか、ずっと文句は言う。不平不満を言わないから偉い、みたいな褒め方があるけど、ガンガン言うのもいいんじゃないかと最近私思うよ

うになりました」

そう言われると、ほっとする。

「お前次第だよ、って話じゃなくて、どうにもできない天気のせいなんだから。皆で文句を言い合っても誰も怒らないでしょう。言った後に『じゃあ、やるか！』っていうのが健全だと思う」

取材を終えようとしたところで村井が「調味料で盛り上がって、さらにリモートで……バタバタした撮影になりましたね」と笑いながら言う。時に手持ちのスマホで料理に近寄ったり、試食の際には別の機材に切り替えたりと、鮮やかな連携プレーで支障なく取材ができたことに筆者が感謝していると、中村が「『タイの謎の調味料のリモート雑炊』にします」とタイトル修正。

先生がまたぽつり。「全然ベトナムが入ってない……」

「でも魂はベトナムに置いてきたので。あ、これは三浦知良選手の名言をもじってます」と中村が締めた。

中村さんお手製

Short Essay
「ナゾ」 文：中村倫也

今から5、6年前、東京の道端で、謎のモノによく出会う時期があった。真夏にしては少し肌寒い夜、西新宿の路地裏の道路のど真ん中に円形に並べられた、千切られたアロエの葉。ミステリーサークルのような、何かの召喚の儀式がここで開かれたかのような不気味な規則正しさがあり、触れずに通り過ぎた。高円寺のマンホールの上で寄り添う、干からびたザリガニ２匹。近くに川はない。人の手によるものだろう。いったいなぜ？　代々木上原の知人宅のマンションのオートロック前に散乱していた、緑の虫籠とシャネルの口紅と右足だけの黒のハイヒール。この光景に至る物語が、全く想像できない。

これらは１週間以内に連続して目撃した謎だ。あまりにも短い間隔で謎を突きつけられたものだから、この頃はどこかの暇な宇宙人にイタズラを仕掛けられ、そのリアクションを監視されているのではないかと思うほどだった。そしてそれらを「記録しておかなければ」と謎の使命感に駆られて、写真に撮って残していたのだ。

しかし……。一番の謎は、記憶の中に確かにある撮影した写真たちが、私のスマホのカメラロールに存在していないことだ。宇宙人にハッキングされて消されてしまったのだろうか……。

先生のお手本

第17回

『初夏の天津飯』

（2023年8月号雑誌掲載）

材料（1人分）

- ごはん … 1膳分（150g）
- 新しょうが… 30g
- 和だし汁（かつお節、昆布）… 500mℓ
- A
  - しょうゆ … 大さじ1/2
  - 酒 … 大さじ1/2
  - 塩 … 少々
  - 砂糖 … 小さじ1
  - みりん … 小さじ1/2
- 卵 … 2個
- 塩 … 少々
- 大和いも … 40g
- 鶏もも肉（小間切れ）… 70g
- あおさ海苔 … 少々
- 山椒の粉 … 適宜

作り方

1 新しょうがをコロコロ（1cm角くらい）に切る。

2 土鍋で和だし汁を沸かし、Aで調味する。

3 2を沸かしている間に、ボウルに卵を割り入れ、塩を加えて泡立て器でふわふわに泡立てる。さらに、すりおろした大和いもを加えてさっくりと混ぜ合わせる。

4 2が沸いたらごはんを入れてほぐし、鶏もも肉、新しょうがを足して再び沸騰したら3を流し入れ、蓋をして弱火で約3分煮る。蓋を開けてあおさ海苔を乗せる。お好みで山椒の粉を振る。

ふわっふわすぎてほぼ空気です

「今回、包丁で切るのは新しょうがだけです」とタカハシユキ先生（以下、先生）。「コロコロに切ってください。歯応えを出したいので」。編集・村井が「こんなにたくさん使うんですね」と驚くほどたっぷりコロコロに。「たっぷりでも、新しょうがは辛過ぎないのがいいですよね」と中村倫也。恒例のつまみ食いで「あ、うまい。水分量が多いね」。

だしを沸かしている間に、卵を泡立てる。「割るところを見せてあげよう。バイトで『月見バーガー』を作ってたからね」と言いながら片手で卵を割ってみせる。塩を少々入れて泡立て始めてすぐ「全然泡立たない」とぼやくが、先生は「がんばってください」とニコニコ。

「もっとシャカシャカやるのかな……？　傾ける？」

村井が、コツはあるんですか？と先生にたずねると、先生自ら、俄然力強く素早い動きを見せてくれた。

「先生、僕がパクチーを使わなかった（第16回参照）苛立ちをぶつけてませんよね？」と笑いつつ、中村の動きも様になり、泡立ってきた。約3分力いっぱい泡立て続けて「パンケーキミックスみたい」なふわふわの卵が完成。

沸いただしに酒、しょうゆ、塩、砂糖、みりんで味付け。

「しょうゆ、先生にしては結構いっぱい入れますね」

「今回はちょっと濃いめにします。お鍋風です」と先生。

ごはん、鶏肉、新しょうがも入れる。……と、ガチャン！と大きな音が。すかさず村井が「先生、中村さんが何かしました！」と告げ口。

「写真のアングルを考えて鍋を動かそうとしたらすべっちゃったんだよ。相変わらず人のミスが好きだね。いやな大人だねえ」

「なぜなんでしょう。中村さんが焦ると喜んでしまうという か」と村井が言うと「そうなのよ。俺を焦らせようとする大人が多いのよ」と中村。

泡立てた卵にすりおろした大和いもを加え、泡を消さないようにさっくりと混ぜたら鍋に投入。

「茶碗蒸しみたいになりそう」

弱火にし、蓋をして2、3分待つ。その間、使い終わった調理器具を水につける中村。「後の洗い物が楽になるからね」

この時間に筆者から先生に泡立ての目安を聞いてみる。「何分《なんぷ》立て、と言っても伝わらないかも……泡立て器の跡が

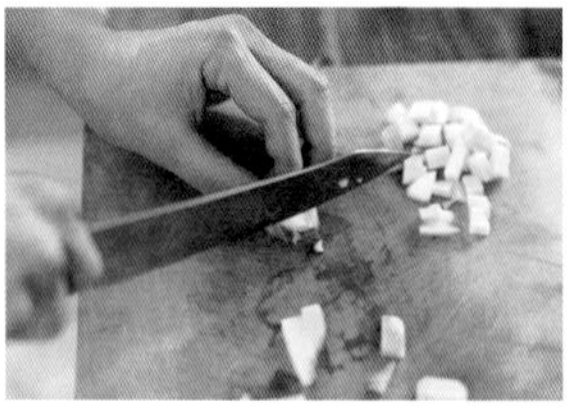

残るくらいですかね」。泡立て過ぎる、ということはないですか?とさらに聞くと「大丈夫ですよ。角が立つくらいまでやっても」。このやりとりに中村が「1回やって、失敗すればいいんだよね」とぽつり。「なんでもかんでも教えてもらえるわけじゃないってことですよ」

中村らしいセリフになるほどと頷いていると、またも村井が「いえいえ、教えてもらう企画ですから」と冷静なつっこみ。

2分経ったところで蓋を取ると、卵が中村いわく「蒸しパンみたい」にふわっと盛り上がっている。蓋をしてもう1分。再び蓋を取ると「うわーっ!」とスタッフから歓声が上がる。先ほどよりさらに卵が盛り上がり、絵本『ぐりとぐら』の、あの黄色いカステラのよう。雑炊の材料としては最もオーソドックスとも言える卵が、泡立てることで別物になっているのがおもしろい。

「大和いもを入れることで、卵だけでは出ない、ふんわりさが出てるよね」

土鍋ごとテーブルに運び、最後に、あおさ海苔を乗せる。スプーンですくうと、卵の分厚く、美しい断面がはっきりと見える。

「絶対おいしいよね」とひと口。「熱い、卵がふわっふわで熱い」とせき込みながらも、どんどん食べる。山椒かけますか？と言う先生に「かける！」と口いっぱいにほおばったまま答える。山椒をたっぷりかけて「うまいうまい」とさらに食べ進める。

あらためて卵の食感を聞いてみる。

「ふわっふわ過ぎてほぼ空気です。それをハムッとすると、おだしがじゅわーっと出てくるんですよ。えげつないだし巻き卵が上に乗っている感じ。その下にしょうゆ味のおだしがあって、新しょうがの爽やかさを感じる。で、あおさ海苔でコク、深みが出てる感じ。新しょうがはもっと入れたいくらいかな」

「今日は取り分けやすいね」とスタッフにも手早く配る。

「おいしいです。天津飯みたいな味がします」と言う村井に「この編集者、料理を他の料理で例えるって絶対やっちゃいけないことやったわ」と眉をひそめる中村。

他のスタッフにも試食を促し「新しょうがのゴロゴロがおいしい！」「山椒でだいぶ味が変わる」「風邪をひいたときに食べたい。温まりそう」「最高においしい」と感想を引き出し「……だそうです。以上です！」と前回に続いて現場に行けない筆者に（「食べられないのかわいそうー」とからかいつつも）レポートしてくれるのもありがたい。

「今回珍しく味付けをしっかりめにしたのはなぜですか？」という中村の問いに「卵とコントラストをつけました」と先生。

「『コントラスト』っていうのがよくわかります。いろんな食感と味覚を上と下とで作っているんだと思う。マイルドな味で柔らかーい食感の上と、しっかり味がついて、ざくざくしたり、肉々しかったりする食感の下。それを米でまとめる……っていうのを狙ったんじゃないかな」

そして、腕を組んでしばしタイトルを考える。

「（連載誌面は）夏の掲載ですよね。じゃあ『初夏の天津飯』。決して僕が言ったわけじゃないですよ？」

先生に申し訳ない、と気にする村井がキッチンに向かって「先生、すみません。私が天津飯に似てるって言ったせいで……」と言うと、先生が「もしや」と何かを察した様子で顔を出す。タイトルが『初夏の天津飯』だと聞くと「何と……！　天津飯の卵だと、ふわふわ感が伝わらないですね」と驚く先生に、中村が「村井さんが言ったのは、卵がうすっぺらいのじゃなくて、おいしいほうの天津飯でしょ？」と謎のフォロー。「もちろんです！　でもタイトルに『ふわふわ』

って入れたほうが……」と村井に言われるも「写真を見たら伝わるから大丈夫」とタイトル決定。

村井は今春から別の編集部に異動（当企画は引き続き担当）。あらためてそのことを中村に聞いてみる。

「環境が変わっても、村井さんならこれからも楽しいことできるんじゃない？って話したんですよ。僕は『人に恵まれてるね』って言葉はあんまり好きじゃなくて。人をつなぎとめたのは、その人の努力でしょ？って思うの。村井さんも人のために行動してきたから、人が助けてくれて、仕事がうまくいくんだと思う」

泣けます、と村井が感動していると「泣かそうとしてるんです」と笑う。「もうちょっとで泣きそうだから、あと少し話そうかな」

中村さんお手製

Short Essay

「甘党」 文：中村倫也

泡立て器を持つたびに、小さい頃実家のキッチンで母に見守られながら生クリームを泡立てていた時の光景を思い出す。椅子の上に立ち、氷水を張ったボウルにボウルを重ねて、生クリームとグラニュー糖を入れてシャカシャカとかき混ぜる。もうこのまま飲んでしまいたいと思いながらも、手が疲れてきたら母に代わってもらいながら、だんだんと固まっていく生クリームを楽しむ。焼きたてのホットケーキにたんまりとクリームを乗せて、溶けないうちに口いっぱいに頬張るのがご褒美だった。

大人になった今も仕事の合間にチョコレート菓子などを食べているあたり、僕の人生はずっと甘いものがそばにあった。でもその味だけでなく、思い出せる親との光景があることこそがスウィートな出来事だったんだなと、親世代になった今、有難く思うのだ。

第18回

『如実な素人雑炊』

（2023年9月号雑誌掲載）

材料（1人分）

- ごはん … 1膳分（150g）
- きゅうり … 1/2本
- 大葉 … 2枚
- みょうが … 1本
- しょうが … 1片
- なす … 小1本
- だし
  - あじ（中）… 1尾
    ＊内臓を取り、開いておく。いさきやたいなどの白身魚、一夜干しのあじでも。
  - 塩 … 少々
  - 白いりごま … 大さじ3
  - みそ … 大さじ2～3

  ＊だしは材料の兼ね合い上、作りやすい分量でレシピを作成しているため、多めに出来上がります。
- 焼きあごのだし汁 … 300mℓ（冷やしておく）
- しょうゆ … 小さじ1弱
- 氷 … 適量

作り方

1 きゅうりは薄切りにして、水2カップ・塩大さじ1（分量外）の塩水に15分ほどつけて絞る。

2 大葉とみょうがはせん切りにし、水にさらす。しょうがはせん切りにする。なすは薄切りにして軽く塩（分量外）を振り、水分が出てきたら水で洗って絞る。ごはんはザルに取り、流水で洗ってしっかりと水気を切る。

3 あじは軽く塩を振って、魚焼きグリルで焼き、骨を取り除きながら身をほぐす。

4 白いりごまはすり鉢でする。みそを加えてすり混ぜ、**3**のあじを加え、さらにすり混ぜる。

5 器に焼きあごのだし汁、しょうゆを加え混ぜ合わせる（味を見て調整する）。

6 **5**にごはんを入れて、野菜を乗せ、氷を浮かべる。**4**で作っただしをスプーンで丸めるようにすくって乗せる。だしをほぐしながらいただく。
＊焼きあごのだし汁の代わりに、あじの骨を香ばしく焼き、水で煮出してもOK。

※「ただの俺」シリーズのため、上記のレシピと本文の料理内容、工程は異なります。

あ、うまい、さっぱりさっぱり

「今回の『冷や汁雑炊』は、タカハシユキ先生（以下、先生）の助けを借りずに中村さん一人で作る『ただの俺』シリーズの〝完結編〟です」と編集・村井が言う。「『ベトナム風雑炊』（第16回）の時はお手本と全然違うものになったので……今回はお願いします」

それを聞いた中村倫也はレシピをざっと読むと「もうできた、頭の中で」とひと言。

「冷や汁茶漬けみたいになるのかな。冷や汁ってみそ汁に氷を入れてごはんにかける、みたいな感じですよね？」

先生が「本来の冷や汁はすり鉢でごまをすったら、焼いたあじとみそも一緒にすって、だし汁に溶かすんですが、今回は溶かずに乗せます。焼きあごのだし汁が用意してありますす」と複雑な工程をざっと説明する。「……それを、私に任せていいんですね？」と中村。村井は「あの、『ただの俺』シリーズ完結編なので……」と念押し。「うん。だから、ほんとにいいんだね？」と中村も念押し。ひるむ村井。「もう1回言うよ。ほんとにいいんだね？」とまたも言う中村に「いいです」と先生が冷静に答えつつ、「きゅうりとなすはアク抜きが必要なので、塩処理したほうがいいです」と付け加えた。中村は「私がアク抜きをすると思いますか……？」とぽつり。

はもやいわしなどレシピ外の魚を目にしつつも、レシピ通りにあじの干物（レシピでは生）を選び、グリルで焼き始める。モロヘイヤやもずく、枝豆など他のレシピ外の食材からはかつお節とえごまの葉を選び、かつお節はレンジへ。乾燥させるようだ。

「なすは、アク抜きしないとダメなの？」とどうしてもアク抜きしたくない中村に、先生が「なすを生で食べる時はしたほうがいいです。色も茶色くなっちゃうので」と珍しくきっぱり。「『ただの俺』シリーズなのに」と抵抗しつつ、先生の「そのままだとイガイガするので」という言葉に「じゃあ、します」とようやく承諾。なすを切ってボウルに入れたら、その上に切ったきゅうりを重ね「両方一緒にやっちゃう」と塩をまぶした。

中村が選んだしょうがは、新しょうが。たっぷり刻む。大葉は「裏側の香りが強いから、裏側はごしごし洗わないほうがいいらしいですよ。日々学んでおります」と言いながら洗

い、くるくる巻いて細く切ったら、同じように切ったえごまの葉と交ぜ、「どっちがどっちかわかんないようにする」。

ここで、用意されていたすり鉢を指し「これ使わないんで」と宣言。一同をざわつかせる。

しゃもじとボウルを手に、炊飯器のある場所へ何も言わずスタスタと移動し、パカッと蓋を開ける。このキッチンにもすっかり馴染んでいることがわかる。ごはんを流水で洗ったら「じゃあ器をください」と完成したかのような発言。「だし汁は、みそはどこに……ごまは……?」と戸惑う先生をしり目に「これが俺流なんだ、早く器を」と叫び、器にごはんを盛る。焼き上がったあじを箸でほぐし、他の具材と共にごはんの上に盛り付けていく。ごまはすらずにパラリ。

先生が気をもんでいたみそは、具材を並べ終えた器の真ん中にスプーンで丸くこんもりと乗せる。それを見た先生がたまらずフヒッと吹き出す。

レンジからパリパリになったかつお節を出すと、手で砕いて乗せた(苦手だというみょうがはパス)。

スタッフを見渡し、「なんだかんだ言って、おいしそうって思っているんじゃないの?」と中村。そう、おいしそうで、さらにはおしゃれだ。

大きな氷を乗せて、完成。だし汁は、食べる直前にそそぐスタイル。

ひと口食べて「あ、うまい。さっぱりさっぱり」。みそを少し溶いたら「みそがなすともきゅうりとも合うな。なすは素揚げして入れてもおいしいかもね」。

試食させてもらうと、あじのふわっとした食感と旨味が感じられ、えごまの葉＋大葉の爽やかな香りがサラサラのごはんと共に入ってくる。きゅうりとなすの食感もいい。おいしくていくらでも食べられそうです、と伝えると「そうでしょう。だって具材と調味料にまずくなる要素がないもん」と笑いつつ「ただ、先生のレシピとは全然違うと思うけど」。

先生の感想は？

「味の一体感はないんですが、おうちで簡単に作るなら、これもいいかなと思いました」とおおむね好評。強気で「思い描いたのとほぼ一緒だったでしょ？」と中村が聞くも「100%違います」とあっさり返される（確かに、後から食べた先生作の雑炊は、あじとみそとだし汁の風味が一体となった別ものでした）。

さて、「ただの俺」シリーズは今回が最後になる。

中村の手際があまりにも良かったため、このままではおもしろい記事にならない！と第8回から導入されたのが、このシリーズだ。第7回では、中村の手を煩わせようと大量の肉団子作りの工程を入れるも、あっさりクリアされるという一幕もあった。

「そうそう、俺を困らせようとする、村井さんと先生対俺の裏バトルがあったよね。『ただの俺』シリーズは、全然困らなかったよ。逆に羽が生えたみたいで、自由にやれて良かった」

タイトルをつける段になると「最終回も近いから、俺の作った雑炊を食べた人がどんなタイトルをつけるか聞いてみたい。読んでいる方は、同じものを食べていないからさ」と村井と筆者に難題が。試食の際、みそをだし汁に溶かずにそのまま口に入れ、しょっぱい！と叫んでいた村井は「ファーストインパクトがすごくて……」とぽつり。「じゃあ村井さんのタイトルは『ファーストインパクト』ね」と笑う中村。筆者は爽やかな見た目から「表参道カフェランチ」を提案。「すごい褒められてる」と中村。いくらで出します？と村井に聞かれ、1200円でと筆者が答えると「場所代もあるからね。でもコーヒーはついてくるよ」と中村もすかさず言う。

ではあらためて、正式なタイトルを。
『如実な素人雑炊』で。最後の最後で先生との差がはっきり出たなと。悪い意味じゃないんですよ？ 素人は、なるべく手間を省いておいしいものを作ろうとする。先生みたいなプロは、味を組み立てて、季節のものも入れて、見た目もいいものを考える。両方の良さがあって、その差が見分けられることが大事なんですよ。目が肥えるってことですよね」
流れるようにそう語る中村を見て村井が「第1回からですけど、光を背に雑炊のことを滔々と語っていて……やっぱりおかしいですよ」と笑っている。「あなたたちがここに座らせたんだろう」と憤慨する中村だが、第1回では自ら〈逆光を浴びながら雑炊を語る俳優（35）って入れておいてください〉と言っていた。
「今は、（36）になりましたね」

中村さんお手製

Short Essay

「句読点」 文：中村倫也

文章を書くとき、点や丸を打つ。それは読みやすくなるように書く上での工夫であり、呼吸、なのだとも思う。

仕事に追われる日々の中で自分の息抜きは何なのかと考えてみると、ここ最近は「料理」だと感じている。スーパーに行って食材を買い、洗い、切り、火にかけ、味付けを確認しながら調理をして皿に盛り付ける。完成形をイメージしながら終点に向かう、そのシンプルな一本道。新しい化学反応を楽しむかのようにひとつのことに没頭する時間が、マルチタスクをこなす外での時間とは違って脳のストレッチをしているような気分になり、なんとも心地好い。それが美味しく出来上がれば、尚更嬉しい。

食べるということは、明日も生きようとする行為だ。身体に必要な栄養を送り込む、蒸気機関の熱エネルギーだ。生きていく上でほんとうに必要なものを自分の手でつくる機会が、果たしてどれくらいあるだろう。衣服は買い、住む場所は借り、温かいお風呂は水道管を通って出てくる。いまの僕にとって料理をすることは、句読点と同じように、生活を進める上での息をつく場所であり、脳をリフレッシュさせるための工夫であり、栄養を送り込み「明日も頑張ろう」と再確認できる場所だ。

そんなふうに考えれば、茶碗一杯の雑な飯でも、なんだかやんごとないものに思えてくるのだ。

第19回
『202雑炊』
（2023年10月号雑誌掲載）

材料（1人分）

◦ごはん … 1膳分（100g）
◦骨付き鶏もも肉（ぶつ切り）… 50g
◦豚ロース肉（薄切り）… 1枚
◦牛肉（小間切れ）… 50g
◦ボイルミニほたて … 3個
◦いかのげそ … 1/2杯分
　＊魚介はシーフードミックスでもOK。
◦ミニトマト … 2個　◦キャベツ … 1枚
◦長いも … 2㎝
◦豆乳だれ
　◦豆乳（成分無調整）… 100㎖
　◦おろしにんにく … 1/4片分
　◦塩 … 小さじ1/4
　◦しょうゆ … 小さじ1/8
◦ごま油 … 50㎖　◦オリーブオイル … 100㎖
◦干しえび … 小さじ1
◦鶏がらスープ … 200㎖　◦岩塩 … 少々

作り方

1　肉はひと口大に切る。いかのげそは食べやすいよう2～3本ずつに切り分ける。ミニトマトはヘタを落とし、キャベツはひと口大に、長いもは皮付きのまま1㎝角に切る。
2　豆乳だれの材料を混ぜ合わせる。
3　鍋にごま油、オリーブオイル、肉、魚介、野菜、干しえびを入れて中火にかける。油が沸々としてきたら、鶏がらスープを入れ、岩塩を振る。素材に火が通ってきたら、ごはんをほぐし入れる。再び沸騰したら火を止める。
4　器に豆乳だれをスプーン2杯ほど入れて、3を盛り付ける。
汁は少なめに、具を中心によそうのがポイント。

全ての旨味がドンドコドン

「すごい、全肉があるじゃん」

雑誌連載版『やんごとなき雑炊』の最終回は、中村倫也からの「具だくさん！」のリクエストにタカハシユキ先生（以下、先生）が応えた「禁断の具だくさん雑炊」。豚、牛、鶏、3種類の肉はもとより、いかやほたてなどの魚介、キャベツなどの野菜もある。「絶対うまいね。全ての旨味がドンドコドンだ」と興奮する中村。

作り方も珍しい。まず鍋に、オリーブオイルとごま油を両方たっぷりと入れる。「100、50㎖……めっちゃ使うじゃん。スライム作る時の分量だよ」と中村。「ちゃんと量ってくださいね」と先生。「今回はみっちり、きっちりいこう」と中村。編集・村井が「最後、きっちりやりましょう」とカットインすると「部活の顧問の言い方じゃん」と中村が笑う。

冷たいままの油に、キャベツ、ミニトマト、皮付きのままの長いも、肉類と魚介類……と、あるものは切り、あるものはそのままにどんどん入れていく。中村が「長いものヒゲはあぶります？」と第4回を思い出して言うが、先生は「油に入れちゃうので大丈夫です。潔くいきましょう」。

混沌とした鍋の中を見て「やばい。先生が俺の悪影響を受けてるんじゃないか？」と不安そうな中村。「ちょっとリベンジ雑炊みたいな感じですよね」と先生が笑う。第16回もとは、野菜がたっぷりの具だくさん雑炊だったはずなのだが、中村がパクチーなどを入れず、具だくさんにならなかったのだ。そのため今回の「具だくさん」のオファーに「受けて立つ、と思いました」と先生。ははは！と中村も笑っている。

具だくさんではあるが、材料はシーフードミックスなど冷蔵庫に残っているものでいいのだという。

「あれ、ちょっと余るんだよね。そうか、具だくさんだけど一つ一つの量は少ないもんね」

「きのこを入れてもいいんですけどね」と言う先生に、間髪を入れずに「ダメです！」ときのこ嫌いの中村。

鍋を火にかけ、油で具材を煮始める。その間に「豆乳だれ」を作る。カップに豆乳、しょうゆ、おろしにんにく、塩。「味はちょっと濃いほうがいいです」と先生。鍋からは雑炊とは思えぬパチパチという油の音がしてくる。鍋肌にくっついている肉をはがしたら、「今回は言うこと守るから」と中村が鶏がらスープをきっちり200㎖入れる。

先生の「肉に当てる感じで」という指示で岩塩を散らし、時折、肉の上に油とスープの混じった液体をかけて火を通していく。ごはんはいつもより少なめに。肉に火が通れば、出来上がり。

豆乳だれを先に少し器に入れ、鍋の汁はあまり入れずによそっていく。油をまとった具材がつやつやと輝いて美しい。口に入れた瞬間「あ、うめっ」と中村。「豆乳とごま油って合うんだねえ。至極。ごま油の香りに、豆乳の舌触りの柔らかさが合わさって……スープの中に素材の甘みとか旨味が溶け出している」と絶賛。

「先生、うまいこれ」と叫ぶと「油も具材も多くて『禁断』ではあるんですけど、そんなに邪悪な感じしないですよね」と先生。「もっと豆乳を足してもいいですよ」と言われるが「いや、このバランスが好きです」と答えた。

「豆乳がうまくまとめてる。豆乳が、いいヤツって感じで。あんまりしゃべらないんだけど、ニコニコしながら『まあまあまあ』って言って、個性の強いヤツが集まるクラスをうまくまとめてくれてる感じ」

第3回の「左サイドバックの片栗粉さん」のような？

「あ、いたね。あの人は中退したから」と笑う。そして「もう食べ終わっちゃった」と完食。

「ワンプッシュ、ラー油もありだね」

スタッフも試食。油と豆乳が乳化して少しとろんとしたスープが香ばしく、シャキシャキのキャベツもおいしい。皆、夢中で食べている。「過去一大好評ですね」と中村。

これで、全19レシピが終了。先生にタイトル一覧を見せて感想を聞くと「『紫式部の蹴鞠飯』……何の雑炊だかさっぱりわからないですね」と笑っている。「でも物語性があって好きでした。『理想の老後～結婚40年、母さん今日は僕が作るよ～』とか。最近は割と普通だな、と思ってました」。「あの頃が好きだったんだ」と笑う中村。一番思い出すのは何ですか？と先生が中村に聞くと「おいしかったのは『赤球』（第9回）と『ガスパチョ』（第6回）と、『タイの雑炊』（第16回）。一番難しかったのはほたるいかの軟甲を骨抜きで取ったこと（第14回）」とするすると思い出していく。

「先生もこんなに雑炊レシピばっかり考えるの大変だったでしょ」と今度は中村が聞くが、先生は「大変ではなかったです。素材の組み合わせだから。あと季節を考えればいいので」とさらり。

先生から見た中村倫也の料理ぶりは？

「手際がすごくいいですよね。普段から作っているのがよくわかります」

村井が「雑炊だけでこんなに誌面展開できるとは思わなかったです。最初は本当にどうしようかと思いました」とあらためて中村に言う。

「何だかわからないものが好きなんですよ。それぞれのセクションの人が頭をひとひねりするじゃないですか。一生懸命考えて生み出されるものってクリエイティブだなと思う。そういう意味で、ここから（企画に携わったスタッフたちを）見ている光景がやんごとなかったですよ。皆楽しそうで、キラキラしてたしね」

今後は、どんな「やんごとなき」シリーズを？

「世の中にはたくさんのやんごとなきものがありますからねえ」

村井が「『雑』を外しましょう」と言うも「いや、まだいけるんじゃん？『雑学』は……本にしてもおもしろくないな。『雑菌』『雑草』……『雑煮』？」。「やめて!!」と思わず叫ぶ村井。先生も「毎回お餅は重いですねえ」。「やんごとなき雑煮」はなさそう、とわかったところで、最後のタイトルをお願いします。

「うーん……概念は浮かんでるんだけど……はまる言葉がない。……眠くなってきちゃった」と珍しく長考に入る。

「海のものも野菜もいろんなお肉も入って、それを豆乳がつないでいて。すごい丸い感じなんだよ。『イッツアスモールワールド』的なことになっちゃうからそれだとダサいなって……」。そして「あ、『202雑炊』にします」。

先生の仕事場であり撮影場所だった、このキッチンの部屋番号。先生も「どうぞどうぞ」と快諾。

「この部屋で1年半ちょいやってきたわけじゃない？　先生がそれを振り返った上で、今日の雑炊を考えてくれたわけですから」

「締めのタイトルらしくていいですね」と言う村井に「まあ、もともと雑炊は締めに食べるものなんですけどね」と自信たっぷりに返す中村をスタッフがあきれ顔で見る――という本連載らしい締めになった。

中村さんお手製

Short Essay
「その先」 文：中村倫也

夕立が去った後に吹く風が唯一の清涼剤だ。暑い。どんなに工夫をしても、いやおうなしに暑い。「昔の夏はここまで暑くなかったのにね」なんて会話を、場所と相手は変われど毎年のように交わしている。「調べてみたら最高気温は昔も今もあんまり変わらないけど、35度を超える猛暑日と熱帯夜の数が近年圧倒的に増えているみたいですよ」なんて会話を、その先の盛り上がりを期待して続けてみる。風物詩だ。

そんな夏も、きっともうすぐ終わるんだろう。

ずっと撮影していたドラマがもうすぐクランクアップを迎える。約1年半続けた、この連載も今回で終わりを迎える。Tシャツを畳んでクローゼットにしまうように、読み終えた本の最後のページをじっと眺めて、吐く息とともに裏表紙をパタリと閉じるように、今年も夏が終わっていく。

終わり、が好きだ。始まりと違い、積み上げた物語があるから好きだ。そして、終わりにはその先があるから好きだ。終わりと呼ばれながら、その実、単なる区切りでしかない、この言葉の裏腹さが好きだ。

夏らしい背の高い雲が東の海の上で発達している。彼らはどこへ行くんだろう。雨となり、降り注ぎ、次はどんな雲になるんだろう。いくつもの終わりの先に存在している私たちは、次はどんな終わりを目指すんだろう。次の一歩を踏み出す、その位置は、その角度は、その強さは。

風に流される雲と違い、私たちはいつだって自由自在だ。

中村さんお手製

第20回

『さば缶を使った年末調整雑炊』

（本書撮り下ろし＆書き下ろし）

材料（2人分）

- ごはん … 2膳分（300g）
- にんにく … 1/2片
- しょうが … 薄切り2～3枚
- 玉ねぎ … 1/6個
- 長ねぎ … 10㎝　◦万能ねぎ … 2本
- さばの水煮（缶詰）… 1缶（190g）
- 酒 … 大さじ2
- 水 … 700㎖
- みりん … 大さじ1　◦塩 … 少々
- 鶏がらスープの素（顆粒）… 大さじ1
- 和風だしの素（顆粒）… 小さじ1/2
- かつお節 … ひとつかみ
- しょうゆ … 大さじ1
- 白いりごま … 少々
- 焼き海苔（刻み海苔）… 適量
- ごま油 … 適量

＊鶏がらスープの素、しょうゆは味をみて加減する。

作り方

1 にんにくとしょうが、玉ねぎは粗めのみじん切りにする。長ねぎはみじん切り、万能ねぎは小口切りにする。

2 鍋にさばの水煮を汁ごと入れ、にんにくとしょうが、酒、水1カップ分を加え、さばを軽くほぐしながら煮る。

3 みりん、塩、鶏がらスープの素、和風だしの素を加え、沸騰してきたらアクを取り、残りの水を足す。

4 かつお節を耐熱容器に入れ、電子レンジ600Wで約30秒加熱する。

5 **3**が沸騰したら、玉ねぎと長ねぎを加える。

6 いったん火を止めてごはんを鍋に入れる。

7 再び中火にかけ、しょうゆを加えてひと煮立ちさせる。

8 **7**を器に盛り、万能ねぎ、かつお節、白いりごま、刻み海苔を乗せ、ごま油を垂らす。

中村倫也考案〝雑炊レシピ〟公開！

『202雑炊』の撮影から数か月。中村倫也が久しぶりに202号室のキッチンに立っている。本書収録の特別企画として、中村自らレシピを考案した雑炊を、自ら作るのだ。

「まず……僕が思う、料理で失敗しないコツの1つに、食材は先にあらかた切って並べておく、というのがあるかと思います。そうするとエラーが減ります」

あらたまった口調でそう言いつつ、まずはにんにくを。タカハシユキ先生（以下、先生）に「おろしますか？」と聞かれると「おろさないです」。

「早くて簡単でうまくて、他の料理に応用が利くもの、でレシピを考えたんですよ。料理をしない村井さんでも作れますよ、という雑炊です。料理をしない人にとっては、すりおろすのも手間だから」（「おろせない」と編集・村井が応答）

にんにく、しょうが、そして玉ねぎは粗めのみじん切りにする。

「これが、皆さんご存じのさば（の水煮）缶。汁ごと鍋にぶちこみます。缶はコバエが来るので早めに片しましょう。で、酒。大さじ2くらい、とレシピには書いたけど適当です。しょうがとにんにくも入れます。臭みをとってコクを出す系です」

実況のようにほぼずっと語り続け、そこに〝先生〟としての説明も丁寧に加え、手は止めず、どんどん料理を進める。

「水はいい感じの量……カップ1杯くらい入れます。で、火をつけちゃいます」。先生が「最初は少なめの水で煮るんですね」と感心して見ている。さばは「ヘラで雑に」ほぐす。

長ねぎは必要な分だけ縦に切りこみを入れ、3㎜程度のみじん切りに。「残りは風邪の時に首に巻いてもらえれば」

なかなか沸騰しない鍋に向かって「がんばれよ！」と叫ぶ。

「暇なので、みりんも入れます。火を通してアルコール分を飛ばしたい。暇だから塩も入れちゃおう」

効率重視な中村らしく「暇だから」を連呼。トッピングのかつお節は「パリパリにしたい」とレンジへ。

「これも入れちゃおう。暇だから」と鶏がらスープの素が入った容器を鍋の上で傾けると、ザーッと鍋の中に。「あ、入れすぎた」。一同からも「あーっ」と声が上がるほどの量だが、中村本人は「水の量を変えればいいんだから」とあまり意に介していない（ように見える）。和風だしの素も加える。

「『臭み取れろー』って思いながら煮てください。（沸騰して）さばのアクが浮いてくるんで……最初くらいは取りましょうか。〝学習ノート〟も最初くらいはきれいに書いてたでしょ」

アクをとったところで水を足す。「鶏がらスープの素を入れすぎたから、水はもう少し入れようかな？」とつぶやくと、先生が「いっぱい入れてください」と即座に言う。

ここで味見。「うん」と頷きつつ「まださばの臭みはある」。再沸騰を待ちながら「さっき言ったように、食材を先に揃えておくと、こういう時間で煙草を吸ったり、YouTubeを見たりできるからいいんだよね」。玉ねぎと長ねぎも、鍋に。「万能ねぎは好きなんで、いっぱい切る」とリズミカルに刻み始めると村井が「ザク、ザク」とアテレコ。「この感触が楽しい。俺、万能ねぎ切っている時間が人生で一番好き」

沸騰したら再度アクを取り、「一度火を止めて、米を入れようじゃないか。『火を止めて』何かするって言うと料理上手っぽいから、言ってます」。鍋の中を混ぜていたヘラでおひつのごはんをすくおうとする中村に「しゃもじあります」と先生が言うも「ありがとうございます」といい返事をしただけで、そのままヘラで。「洗いもの増えちゃうから」

味見をして「あ、うまい。さばの臭み消えてる。玉ねぎと長ねぎは途中で入れたから食感も残ってる」。しょうゆを入れると村井が「入れ過ぎじゃないですか？」とつっこむ。「文句あるのか？」と中村。

ひと煮立ちしたら、完成。皿を選びながら「いつも『インディ・ジョーンズ』の聖杯を選ぶシーンを思い出すんだよ」。「穴あきお玉ありますか？　家で盛り付けた時に、米と汁がごっちゃになっちゃうと、よくないなと思って。……俺、ちゃんと家で試作してるからね？」

盛り付けは慎重に。穴あきお玉の代わりに天ぷらなどで使うかす揚げ用のすくい網で「最初に米だけで陸地を」作り、お玉で汁を周りに流し入れる。「茶色い、と思うでしょ？　そこに万能ねぎを散らすんですよ」。器の中がパッと華やぐ。「ほらおいしそう。かつお節は手で砕いてかける。白ごまはいらなくていいや。最後に刻み海苔をちょんと乗せます」

ここで先生が「ごま油！」。「忘れてた。ありがとう、先生。香りづけにつるつるっとごま油を。より香ばしさが出てグッドだろうと、先週の私は考えたわけです。はい、食べて」

先生がテーブルに運びながら「いい香り」とつぶやく。ひと口食べると「すごくおいしいです。さばの臭みが全然ない」。「先生もっと褒めて。村井さんが納得してないから」と中村。「しょうがのつぶつぶの食感がいいですね。もっと味が濃いかと思ったら、ちょうどいい。たくさん食べられます」と先生が絶賛する。確かに絶妙な塩加減。ゴロッとしたさばもいい。村井も「玉ねぎがシャキシャキしてておいしいです」と納得。「食感が命ですから」と、皆の感想を聞いて、どこかほっとしたような、嬉しそうな様子の中村。

「ちょっと魚介つけ麺のイメージもあって。あれも玉ねぎを入れるでしょう。少し味付けを濃くして、中華麺を茹でれば、家でつけ麺ができる。玉ねぎを大きく切ってみそを溶けばみそ汁になるし……簡単で応用が利くものを提示したつもり。にんにくとしょうがはチューブでもいい。みりんと酒としょうゆっていう和食の基本的な味付けだから、村井さんも覚えておくといいよ」（わかりました、と小さく村井が応答）

さば缶を使った雑炊を他に2種類、考えていたという。「まだ使っていないメイン食材だし、コンビニでも手に入るし。さば缶と卵の雑炊と、香味油から作ってチャーハンみたいにするさば缶の雑炊も考えてたんだけど、結局シンプルなこれに決めた。色味も今まであまりなかったものだし」

村井が「そんなに考えてくださったなんて感激です」と言

うと「そうだよ、こんなに考えて、スーパーに買い出しに行って、試作もして、また今日作って……だからタイトルなんて浮かばないよ？　今までは先生のレシピを受けてつけるっていう遊びがあったんだから」とタイトルをつけるのを渋る。

だが村井も「決まりなので」と引かない。「『名もなき汁』とか……『サバビアン』にする？」と中村。それを流しつつ村井が「最後の最後なので、まとめる感じのものでも」と言うと「じゃあ『さば缶を使った年末調整雑炊』にします」と「まとめ」らしいタイトルが出た。

「やんごとなき雑炊」、完結。感慨など聞かせてください、と話を振ると「感慨？　感慨は特にないです」とスパッと返ってくる。「それがこの企画の、正しい楽しみ方だと思ってます。いやーがんばったね、とか言い合うようなものじゃないでしょう？　楽しかったね、おいしかったね、作ってほしいね、で終わる。そういう企画だよね」

Short Essay

「チャレンジ」 文：中村倫也

さばカレーっておいしいのかなと、小学４年生のころからずっと気になっている。当時親と一緒に見ていたドラマに登場した、さばカレー。ドラマ効果もあって大ブームになったと記憶しているのだが、「カレーに青魚……？」とブレーキがかかり、未だ食べたことがない。同じように納豆カレーも食べたことがない。これは数年前に会話の流れで後輩から勧められたのだが、食感と味を想像するとどうにも腰が引けてしまう。マヨネーズをかけるとさらに美味いとも言われたが、それらが口の中で混ざることを考えると、スプーンが止まる予感しかしない。

どちらも作ろうと思えば簡単に作れるものだ。実際何度か、家にある食材を眺めてチャレンジしようかと試みたが、結局「普通のカレーでいいか」と舵を戻してきた。しかし、一度しかない人生。後悔はしたくない。経験するとしないとでは大きな差がある。自らを奮い立たせ、挑んでみたいとは考えている。いつか、いつの日か……。

深海魚握りなら、何貫でも食べられるのになあ。

あとがき

文：中村倫也

俳優の仕事を始めた頃、役作りの一環として教えてもらったテストがある。これは深層心理を知るための連想ゲームのようなものなのだが、まず役にまつわるキーワードを1つ定め、ノートに書く。次にその言葉から連想する単語を直感で2つ、下に書き出す。さらに、その2つから連想する単語をそれぞれ2つ書き出し、枝分かれさせていく。これをもう一度繰り返し、単語が8つ並んだら、今度はその8つを端からペアにしていき、順に2つの単語から連想する言葉を1つ、下に書いていく。これを繰り返し収束させていき、最後に残った1つの単語が、最初に定めたキーワードと自分の深層心理で結びついているもの、という結果だ。このテストは役と自分の共通項を探る上でしばしば役立った。そして今回、この本を出版するにあたり、「料理」というキーワードで久しぶりにテストをしてみた。最後に残った言葉は「記録」。

最近、昔のことを思い返すようにしている。

夕やけ小やけが流れたら、公園から家まで走って帰る。通り過ぎる家々から漂ってくる、晩御飯の準備の香りに「この家はカレーか、こっちの家は焼き魚」なんて鼻を利かせ、想像するのが好きだった。そして今日のウチの晩御飯は何だろうと期待して、いっそう速く走った。

1990年代のヒットメドレーや懐かしのCMをネットで再生して、キュンと切ない気持ちを確かめる。当時テレビから流れていたそれらの音と共に、夢中になって遊んでいたポケモンカードを眺めながら台所に立つ母の「できたよ〜」の呼び声を待っていた、あの空間が蘇る。

一人暮らしを始めた夜のことも、たびたび思い返す。引っ越しを終え、段ボールを片付け、ひと段落ついた深夜2時。ダウンを羽織り、ふらっと外に出てコンビニで肉まんを買って食べたその瞬間、何とも言えない自由を感じた。実家だと家族を起こしてしまうし、理由もなく急に夜出かけたら心配される。「気の向くまま好きに行動しても怒る人はいないという権利」と引き換えに、「自分の行動を自分で選択する責任のようなもの」を初めて実感した。

過去に戻りたいだとか、今を悲観しているわけではない。こうして記憶を定期的に攪拌することで、思い出の手触りを忘れないようにしたいのだ。

「料理」というキーワードから導き出された言葉、「記録」。これまたなんとも言えない、不思議な結果が出たなあと少し悩んだが、考えてみると、確かにあながち間違いでもないのかもしれない。

どんなものを食べたか。どんなふうに作ったか。どんな味がしたか。どんな香りがしたか。どんな人といたか。どんな話をしたか。なにを感じたか。

音や視覚が記憶を呼び起こすように、匂いや味覚にも同じ力が備わっているとしたら、料理には、記憶を記録し思い出させる、付箋のような役割もあるのかもしれない。

記憶は薄れていく。歳を取るごとに、思い出しづらくなっていく。この本に載っているレシピの1つが、誰かの素敵な思い出を記録する装置になることを願って、〆の言葉にしたいと思う。

2024年某日　中村倫也

初出
本書は、撮り下ろし写真＆取材記事、著者の書き下ろし原稿に加え、『ダ・ヴィンチ』2022年4月号～2023年10月号に連載された「中村倫也のやんごとなき雑炊」を加筆・修正の上、収録（写真は一部除く）いたしました。

中村倫也（なかむら　ともや）
1986年、東京都生まれ。俳優。2005年、デビュー。近年の出演作にドラマ『ハヤブサ消防団』、舞台『OUT OF ORDER』など。映画『ミッシング』が2024年5月17日に公開予定。著書にエッセイ集『THEやんごとなき雑談』（KADOKAWA）などがある。

タカハシユキ
東京都生まれ。フードコーディネーター。画期的なアイデアとビジュアルセンスで「美味しい」を繰り出す料理人。本書では19種類の雑炊レシピ制作を担当。著書に『飲むだけ　くすりスープ』（大和書房）、『免疫力をアップする、塩麹のおかず』（KADOKAWA）など多数。

ブックデザイン　宮古美智代、藤木敦子
写真　干川 修
取材・文　門倉紫麻
スタイリング　戸倉祥仁（holy.）
ヘアメイク　松田 陵（Y's C）、Emiy
校閲　向山美紗子
DTP　川里由希子
企画編集　村井有紀子
企画協力　株式会社 TopCoat

THE やんごとなき雑炊《ぞうすい》

2024年３月14日　初版発行

著者／中村倫也《なかむらともや》

監修協力／タカハシユキ

発行者／山下直久

発行／株式会社KADOKAWA
〒102-8177　東京都千代田区富士見2-13-3
電話　0570-002-301（ナビダイヤル）

印刷・製本／大日本印刷株式会社

●お問い合わせ
https://www.kadokawa.co.jp/（「お問い合わせ」へお進みください）
※内容によっては、お答えできない場合があります。
※サポートは日本国内のみとさせていただきます。
※Japanese text only

定価はカバーに表示してあります。

ISBN 978-4-04-114256-1　C0077